國策、貿易、戰爭——

北宋與遼夏關係研究

廖隆盛◎著

目　　錄

自　序

　　北宋建國，雖以太祖、太宗之經營，併吞群雄，結束五代亂局；但自攻遼失敗，國威日挫，卒底於亡；故史家有積弱之論，從而對宋代整體評價不佳。如顧亭林謂：「宋世常典不立，政事叢脞，一代之制，殊不足言」。（日知錄卷 15）錢穆更斥宋代「有事無政」、「是國史最沒建樹的一環」。（中國歷代政治得失，頁 71）而相對的，著重於社會經濟繁榮及文化成就者，則大為讚揚。如李約瑟謂：「這一時期（宋）中國文化和科學都達到前所未有的高峰」。（中國科學技術史卷 1）宮崎市定則認為「宋王朝可作為中國史上近世國家的基本標準」。（岩波全書中國史下）因此，宋人如何以不競之旅卻能周旋外族強勢武力，進而成就高度文明，其統治政策與外交策略便顯得關係重大，實值得吾人加以探究；這一方面近來已有不少學者獲得重要成就，本書所收錄的七篇文章則是作者對宋廷承繼的中原政權華夏觀及其對遼、夏外交策略內含、轉折與影響的系列探討。

　　自從受業師陶晉生教授啟發，授課餘暇，探討北宋外交問題，忽忽已近三十年。由於用心不專，才思駑鈍，僅此數篇，勉可成文。加以早期外文論著參考不易；近年來，大陸研究西夏的學者與著作大為增加，本書部分論述可能已有陳舊之嫌；尤其作者才學所限，內容漏誤之處恐亦不少。凡此皆祈學界先進指正是幸。

宋太宗的聯夷攻遼外交
及其二次北伐

一、引　言

　　北宋開國，自削平割據，轉圖燕雲，遭受挫敗之後，即不斷受到北亞新興民族優勢武力的壓迫，國勢不振，有積弱之論。因此，為了禦戎圖存，外交折衝遂成宋廷重要國政，策略的運用也須格外講求，而其得失關乎國運者，亦特別巨大。

　　宋人外交，以夷制夷顯然是重要的傳統策略；其中，聯金滅遼及聯蒙古滅金的悲劇固已眾所習知，另如仁宗慶曆年間的以遼制夏，以及真宗、仁宗、神宗三朝的聯吐蕃制西夏，近來學者亦已詳加探討①；但早在太宗時期，宋人尚曾推行的聯夷攻遼外交，迄今未見學者論及；事實上，它不但是宋代以夷攻夷外交的肇端，且為第二次伐遼（雍熙三年，西元986年）的動因，對澶淵之盟前後的宋遼關係也有重大影響。本文之作，即欲將此聯夷攻遼外交推行之背景，演變的得失，所受的限制與發生的影響加以闡明；期能有助於對我國傳統外交的認識。同時，舊說以「契

①關於仁宗慶曆年間的以遼制夏外交，見陶晉生，「北宋慶曆改革前後的外交政策」，中央研究院史語所集刊第四十七本第一分（台北，1975）。聯吐蕃制西夏的情形可參見拙著「北宋對吐蕃的政策」，師大歷史學報第四期（台北，1976）。

丹年少，母后專政」為太宗第二次北伐的動機，似與史實未符，
於此亦擬試加辨明。

二、聯夷攻遼外交的展開

以夷制夷外交思想的淵源甚早；遠從漢初北伐匈奴失敗，中
原農業社會在對抗塞北遊牧民族的壓迫時，便常顯露武力不足的
弱點，為了制馭戎狄，發展國勢，以夷制夷的思想乃逐漸形成，
並成為傳統外交的主要方策。兩漢時期，為對付匈奴，經略西
域，已廣泛採行分化、聯夷、徒胡守塞及使用胡兵等策略[2]。到
了唐朝，由於突厥強大，唐室也曾使用分而制之的方法，卒予解決。
其後吐蕃入寇，唐室甚至借用回紇之兵，以為應付。可見以夷制夷的
政策在以中原農業社會政權為主體的中國早已有其傳統經驗。

漢朝以夷制夷之論因伐匈奴失敗而起。相似的，宋代的聯夷
外交亦展開於太宗攻遼受挫以後。

宋代建國之初，繼承後周世宗雄略遺緒的太祖、太宗兄弟對
於重振華夏聲威，拓展國勢，原是頗具自信，懷有一番雄圖的。
所以太祖得位不久，即曾與宰相趙普商議，謀復燕雲，但因趙普
力持謹慎，加以反對，方始暫罷[3]。轉而先從削平割據著手。及
太宗繼統，陳洪進、吳越王先後獻地自歸，南方悉定（西元978
年）宋廷的注意又轉而北向。太平興國四年（西元979年）正
月，太宗已不顧北漢與契丹的從屬關係，表示「太原我必取

---

②參見邢義田，「漢代的以夷制夷論」，史原第五期（台北，1974）頁九。
③邵雍，聞見錄（台北，廣文書局筆記三編影印本）卷六，頁八。

之」；並進行軍事動員。將領曹彬也認為「國家兵精甲銳，人心忻戴，若行弔伐，如摧枯拉朽耳。」④輕視之態，溢於言表。事實上，這次出兵，宋廷的決策目標還不僅在滅取北漢而已，宋史太宗本紀有云：

> （太平興國）四年春正月丁亥，命太子中允張洎、著作郎勾中正使高麗，告以北伐⑤。

又遼史景宗本紀：

> 乾亨元年春正月乙酉，遣撻馬長壽使宋，問興師伐劉繼元之故。……長壽還，言：河東逆命，所當問罪，若北朝不援，和約如舊，不然則戰⑥。

這種不惜與契丹開戰，並事先告知外邦，將要「北伐」的語氣（不說伐北漢或取太原，十足說明太宗君臣在出征太原之際，實乃心雄氣銳。不但對滅取北漢滿懷自信；就是擊敗契丹，恢復燕雲，似乎也已列為既定計劃了。在這種情況下，宋人當然還不會考慮到採用借助外力的聯夷外交了。

太宗親征太原，雖然順利攻滅北漢，乘勝伐遼，圍攻燕京；不幸高梁河一戰，破遼將耶律體哥所敗，宋軍大潰，遼軍追擊，

---

④李燾，續資治通鑑長編（台北，世界書局影印本，以下簡稱長編）卷二十，頁一，太平興國四年正月丁亥條。
⑤宋史（台北，藝文書局影印武英殿本）卷四，頁八。
⑥遼史（台北，藝文書局影印武英殿本）卷九，頁二。

太宗流矢傷足，乘驢車走免，喪失軍械，糧饋不可勝計⑦。至此，宋人對遼作戰的信心已受嚴重打擊。部分臣僚紛勸太宗改採守勢。如比部郎中寶偁主張「休士養馬，徐為後圖。」⑧翰林學士李昉也建議「善養驍雄，精加訓練，嚴敕邊郡，廣積軍儲」，「竣府藏之充溢，洎閭里之充富，期歲之間，用師未晚。」⑨左拾遺張齊賢更提出安民養德之說，認為「廣推恩於天下之民」，「民既安利，則遠人歛袵而至矣。」⑩但太宗志切復仇，主戰者不堪契丹連番入寇，亦建言「宜速取幽薊」⑪故宋廷仍積極籌議再舉。而對契丹之戰力，既已戒懼，連絡東北諸部，共同對付契丹，以增加勝算的聯夷外交遂告展開。渤海亡後之殘餘勢力首先成為宋人爭取的對象。

渤海、契丹本為宿仇，自遼太祖阿保機滅渤海（西元926），雖置東丹國以統其地，但其殘餘勢力仍不斷反抗，契丹始終未能加以完全消滅⑫。其後遼太宗疑忌其兄東丹王突欲，而將東丹王都南移，突欲竟至出奔南唐；接著太宗又介入中原政局，注意力轉移，繼立的世宗、穆宗則不恤政事；在此有利環境的培養下，渤海殘部勢力更得迅速滋長，成為契丹的隱患。渤海國志云：

---

⑦遼史卷九，景宗本紀，頁三；及卷八十三，耶律休哥傳，頁一。至於太宗傷足，見宋史卷二六一，寇準傳，頁二。

⑧長編卷二十一，頁十。

⑨上書同卷，頁十一。

⑩上書同卷，頁十三。

⑪上書同卷，頁十二。

⑫詳見遼史卷二，太祖本紀下；卷七十三，蕭敵魯傳，頁五；及王溥，五代會要（台北，世界書局影印本），頁三六三。

　　自東丹國南遷，契丹經營河朔不復顧，於是渤海東境
有鐵利，定安，兀惹諸國，浦奴諸部，東南境有白山女真
三十六部⑬。

　太平興國四年，宋太宗攻幽州時，曾有渤海酋帥大鸞河等三
百餘騎來投，宋廷對東北的情況大獲瞭解，如能加以利用，顯然
對契丹會有相當的牽制作用。故越年之後，宋廷即設法前往連
絡。宋史渤海國傳云：

　　（太平興國）六年，賜烏舍城浮渝府渤海琰府王詔
曰：……蠢茲北戎，非理構怨，輒肆荐食，犯我封略，
……今欲鼓行深入，席捲長驅，焚其龍庭，大殲醜類。素
聞爾國，密邇寇讎，迫於吞并，力不能制，因而服屬，困
於率割。當靈旗破敵之際，是鄰邦雪憤之日。所宜盡出族
帳，佐予兵鋒；俟其剪滅，沛然封賞；幽薊土宇復歸中
原，朔漠之外，悉以相與；勗乃協助，朕不食言⑭。

　太同年（西元 981 年）十一月，另一渤海殘部定安國亦托女真
貢使附表來上，表示「契丹恃其強暴，入寇境土，攻破城砦，俘
略人民」。故願「受天朝之密畫，率勝兵而助討，必欲報敵，不
敢違命」。太宗特答以詔書，重申前旨，合力攻遼：

⑬黃申甫，渤海國志（台北，廣文書局影印本），頁二九。
⑭宋史，卷四九一，渤海國傳，頁三，又長編卷二十五，頁五，太平興國
　六年七月丙申條所載略同。

　　（上略）今國家已于邊郡廣屯重兵，只俟嚴冬，即申
天討。卿若能追念累世之恥，宿戒舉國之師，當予伐罪之
秋，展爾復仇之志；朔漠底定，爵賞有加；宜思永固，無
失良便⑮。

　　烏舍據學者考證，即渤海國志、遼史所稱之兀惹；地在忽汗
水（今牡丹江）上流，忽汗湖附近。定安國之位置則在今鴨綠江
中游及佟佳江流域⑯。至於定安國之族種，宋史雖說是「馬韓之
種」，但傳中錄有該國國王所上之表，表內卻明言其為「渤海遺
黎，保據方隅」⑰。可見烏舍，定安國皆為渤海亡後之殘餘勢
力，不甘契丹長期役屬，願與宋合作抗遼。宋廷即把握這種情
勢，圖藉敵愾同仇之心，動以爵賞裂土之利，聯合對遼作戰，期
能分散契丹軍力，一舉克敵。

　　宋廷為大舉伐遼，除外交部署之外，軍事上亦已於邊郡廣屯
重兵，「只俟嚴冬，即申天討」。甚至契丹方面也獲有「宋多聚
糧邊境」、「主將如五台山」的邊報⑱似乎東北亞一場國際大戰
又已迫於眉睫。但此後數年間，宋軍實際行動既未展開，定安、
烏舍兩部亦無進一步的連繫⑲，北宋策動渤海殘部共圖契丹的計

---

⑮宋史，卷四九一，定安國傳，頁二。
⑯據金渭顯，「契丹的東北政策」（台北，華世出版社）頁七〇、七二，所
　引李丙燾，韓國史中世篇（漢城，乙酉文化社），頁一八七。
⑰宋史卷四九一，定安國傳，頁二。
⑱遼史卷十，聖宗本紀，頁三。
⑲長編卷二十二，頁五，太平興國六年七月丙申。

劃似乎暫告落空。究其原因，可能定安、烏舍忌憚契丹強大，不願率先挑起戰爭，宋方則以「連年兵戰，議者多請息民。」[20]定安、烏舍兩部又無軍事行動之消息，若欲獨力進攻，更無制勝把握。於是北伐之役，遂告暫罷。

三、聯夷攻遼外交與太宗二次北伐

宋人聯渤海殘部合攻契丹的政策雖未獲依計劃實現，但到了雍熙三年（西元986年），太宗復命曹彬、潘美等出師北伐，宋遼再度爆發大戰。由於相隔已有五年之久，似乎此次北伐與聯夷外交並無關連。但吾人若深入探討，事又不然。

案太宗第二次伐遼之肇因，據長編載云：

先是，知雄州賀令圖與其父岳州刺史懷浦及文思使薛繼昭，重器庫使劉文裕、崇儀副使侯莫、陳利用等，相繼上言：自國家伐太原，而契丹渝盟發兵以援，非天威兵力，決而取之，河東之師，幾為遷延之役；且契丹年幼，國事決於其母，其大將韓德讓寵倖用事，國人疾之；請乘其釁，以取幽薊。上遂以令圖等言為然，始有意北伐[21]。

至於宋史，則僅曹彬傳所載略詳：

[20]上書卷二十三，頁十四，太平興國七年十月條。
[21]上書卷二十七，頁一，康熙四年正月戊寅。

　　先是賀令圖等言於上曰：契丹主少，母后專政，寵倖
用事，請乘其釁，以取幽薊。

　　兩說大旨相同而前者較詳，顯為後說所本。其他史籍之記載
及近人論述亦皆不出此說[22]。據此，則太宗二次伐遼，乃聽信賀
令圖之言，欲乘遼景宗去世，聖宗年方十二，承天太后臨朝聽政
之際，再奮起一擊，恢復燕雲。然而景宗之崩，事在太平興國七
年（西元982年）九月，宋廷若要把握契丹國君新喪，嗣主年
幼，政情不穩的用兵良機，則北伐行動早應展開，何以又拖延三
年有半，至雍熙三年始告發動。事實上，遼景宗崩逝之次月，宋
太宗還下詔邊州：「各務守境力田，無得闌出邊關，侵擾帳族及
奪略畜產；所在嚴加偵邏。違者重論其罪。獲羊馬生口，並送於
塞外」[23]。完全是避免生事的和守政策。甚至雍熙二年，宋廷又
因「歲無兵凶」命「除十惡、官吏犯贓，謀故劫殺外，死罪減
降，流以下釋之，及蠲江浙諸州民逋租」以為慶祝，並無從事戰
爭的傾向。相對的，契丹方面，主政的太后選賢任能，強化王

[22]宋史，卷二五八，頁五。此外宋會安，兵部卷八，頁二附註及陳均，皇
　　朝編年綱目備要卷四，雍熙三年夏五月條附註亦有類似記載。至於近人
　　之著作，如方豪，宋史（台北，華岡書局）；金毓黻，宋遼金史（台
　　北，樂天書局）；黎傑，宋史（台北，九思出版社）等，皆承襲長編之
　　說。另程光裕，宋太宗對遼戰爭考（台北，商務印書館）引列史載甚
　　詳，然皆不出長編所載。又姚從吾遼朝史（台北正中書局）認為賀令圖
　　與宋人這種看法是對遼事的誤解。王民信，遼宋澶淵盟約締結的背景
　　（書目季刊第九卷第二期）認為太宗採納賀全圖之議北伐是誤信不實情
　　報。亦未對長編所載致疑。
[23]同註[20]。

室，注重刑獄，勸課農桑㉔。國情平穩，亦不似有可乘之「釁」。因此，太宗之第二次北伐，時機的選擇並非著眼於契丹主少國疑，而是別有考慮，其理甚明。

西元十世紀後期的東北亞情勢，除渤海殘部之外，還有女真、高麗兩大勢力。高麗為朝鮮半島之王國；女真則仍為部族各自獨立的狀態，分佈於今松花江以東，長白山及鴨綠江一帶。在對付契丹的前提下，兩者都是北宋爭取的對象。為取得物資，女真在五代時，已通中原。宋太祖建國後，更頻頻入貢，沿鴨綠江與遼東半島海岸渡渤海到登州，進行貿易；以馬匹、毛皮交換絹、茶與工藝品㉕。隨著宋廷對馬匹需要的增加，這種越海貿易規模也日趨擴大。每年買得的馬，可達萬匹之數㉖。為此宋廷特詔「蠲登州沙門島居民租賦，令專治舟渡女真所貢馬」㉗。基於經濟的需求，女真已與宋朝發展成親密的關係；而宋朝不但於此獲得馬匹的補充，並且也透過女真的協助，取得與定安、烏舍等部的連繫。

高麗方面，由於契丹滅其同種之國渤海，威脅其北境，又曾遣使後百濟，謀共圖高麗㉘，故高麗太祖王建早懷不滿。徵晉天

㉔參見姚從吾先生全集㈡，遼朝史（台北，正中書局），頁一八○一一八四。

㉕參見日野開三郎，「宋初女真の山東來航の大勢とその由來」，朝鮮學報三十三期。

㉖長編卷五十一，頁十四，真宗咸平五年三月癸亥。

㉗上書卷四，太祖乾德元年八月丁未條。

㉘高麗與渤海族種關係，據舊唐書卷一九七，渤海國傳：渤海靺鞨大祚榮，本高麗別種也。
又新五代史卷九九，四夷附錄亦云，渤海本號靺鞨，高麗之別種也。
至於契丹與後百濟之通盟，詳見三國史記卷五十，甄萱傳，（轉見金渭顯前引書，頁二六）

福七年（西元942年），遼太宗遣使高麗，請求修好，並贈橐駝，王建斥其為無道之國，流其使三十人於海島，以示決絕㉙。甚至進而建議後晉高祖，實行對遼夾攻，事雖未成㉚，次年臨終之際，仍訓誡子孫大臣，強調「契丹為禽獸之國，風俗不同，言語亦異，衣冠制度慎勿效焉。」㉛故高麗王廷對契丹素無好感，其政治態度一向親附中原，歷後唐、後晉、後周各朝，累受封賜，通貢不絕。及趙宋建國，高麗亦迅速遣使入貢，建立關係。太宗繼立後，由於經略北方，更主動加強對高麗的連繫。高麗方面，與宋接近，既可輸入進步之文物，又可藉北宋之勢力，牽制契丹與女真㉜。在這種互利的基礎下，太宗時代之宋、麗關係乃特別緊密。不但宋伐北漢曾遣使通告，即使平時雙方也信使往還，封贈通貢，無年無之。（參見附表）當然宋朝對高麗之加意籠絡是帶有戰略用意的，這就是希望在宋遼抗爭中，必要時，高麗能發揮其牽制作用，甚而將平時的經濟、政治關係進一步發展為共同對遼作戰的軍事合作。因此，在雍熙三年，宋人二度北伐之際，便有專使東行，諭高麗伐遼之舉㉝。

　　要之，由於政治、經濟的因素以及宋廷的運用，十世紀八十年代的契丹已面對一種不利的國際情勢，渤海殘部、女真、高麗皆與北宋聯通，甚至可能正在醞釀一項聯合攻遼的國際軍事行

㉙鄭麟趾，高麗史卷二，太祖世家，二十五年條。

㉚司馬光，資治通鑑，卷二八五，後晉紀，開運二年十月條。

㉛高麗史卷二，太祖世家，二十六年條。

㉜金庠基，高麗時代史（漢城，東國文化社）頁七三，（轉見金渭顯前引書，頁四六。）

㉝宋史卷四八七，高麗傳，頁四。

動。因此，不論為化解遭受圍攻的危機，或維持北亞霸權的帝國聲威；及時採取措施，突破孤立情勢，已是契丹當局迫切的課題。當時契丹的對策顯然是採取強力軍事進攻，藉以迅速粉粹反遼聯盟的形成。而東北諸部中，鴨綠江女真不但賣馬於宋，且其位置正介於烏舍、定安兩部與宋通路的中途，同時又是契丹進入高麗的必經要衝；如將其制服，既可切斷宋朝重要馬源，阻絕渤海殘部與宋人之連絡，又可打開經略高麗的大門，因此，鴨綠江女真成為契丹首先攻討的對象。

太平興國八年（西元983年，契丹聖宗統和元年），遼廷已以征高麗為名，檢視兵馬。十月，命宣徽使耶律阿沒里等將兵東討，次年二月，阿沒里奏報「討女直捷」，四月，全軍凱旋，阿沒里獲授政事令㉞。經過此次用兵，契丹勢力遂達鴨綠江中下游一帶，而且出入高麗之路已通，故略經休息之後，遼廷又於雍熙二年（西元985年）七月下詔：「諸道繕甲兵，以備東征高麗」。但以天氣尚暑，「遼澤沮洳」，遠道行軍不便，乃先命耶律斜軫為帥，於九月間，興師攻打鴨綠江中上游之定安國。次年正月，斜軫凱旋，「所獲生口十餘萬，馬二十餘萬及諸物」㉟。至此，不但經略高麗之路已通，就是可能來自渤海殘部的側面牽制也已清除，契丹撻伐高麗之師已將發動，然而卻在這個時候（雍熙三年正月），宋太宗忽然一面遣使命高麗出兵會攻，一面命大

㉞見遼史卷十，聖宗本紀，頁二一三，其中，東征統帥作「宣徽使兼侍中蒲領」，奏報討女直捷時，又作「宣徽使耶律蒲寧」，凱旋獻捷，又作「耶律普寧」。據同卷校勘記，蒲寧、普寧，皆蒲鄰異譯；蒲鄰則為耶律阿沒里之字（同書卷七十九），顯然蒲領亦為蒲鄰之別譯。
㉟遼史卷十一，聖宗本紀，頁一。

將曹彬、米信、潘美等分路進兵，宋人第二次伐遼戰爭爆發了。由於情勢緊急，契丹被迫抽調東征之軍，兼程南援，進略高麗的計劃只好又告暫緩了。

　　宋太宗第二次伐遼，不進軍於聖宗繼位之初，卻拖延數年，在契丹積極經略東方，反擊親宋勢力之際方始發動，並且還通知遭受契丹威脅的高麗共同進攻，這就顯然說明時機的選擇是著眼於契丹軍力分散，以及高麗的同仇敵愾，而不是「契丹主少，母后專政」。當然，出兵時間的拖延或許也可解釋為從事充分的作戰準備；但是我們從此次出兵決定的匆促仍可看出當時事機的急迫，絕非謀定而後動，而當時契丹的國情，除了東征未回之外，卻別無急迫事機可供宋人利用。長編雍熙三年六月戊戌條：

　　　　初議興兵，上獨與樞密院計議，一日至六召，中書不
　　預聞。及敗，召樞密院使王顯、副使張齊賢、王沔曰：卿
　　等共視朕，自今復作如此事否。上既推誠悔過，顯等咸愧
　　懼，若無所容㊱。

　　一日之內，召商樞密六次，表示事機緊急。不讓中書參議則是為免意見分歧，辯論費時；而之所以有這種顧慮，是因為當時宰相李昉，大臣宋琪等皆不贊成北伐。李昉素以河北殘破，「大兵所聚，轉餉是資，河朔之區，連歲飛輓」，恐不堪調發，主張整飭武備，守邊息民㊲。宋琪則認為契丹「種族蕃多，其心不

────────────

㊱長編卷二十八，頁十三，康熙三年六月戊戌。
㊲上書卷二十一，頁十一。

一」，「國家不須致討，可坐待其滅亡」㊳，參知政事李至亦指出攻城所需，兵多費廣，燕京一帶，平坦開闊，取勝不易㊴。案昉於太平興國拜相，李至於雍熙二年為參知政事。如果太宗決心用兵，一直在積極作二次北伐的準備，應無長久信用反戰大臣之理。總之，聖宗繼立數年間，契丹固無可乘之釁，宋方之朝論與國情亦無準備從事大規模戰爭的跡象，然而卻在契丹用兵東方之際，宋廷匆促決策出兵，並急急通知高麗會攻，大有良機不再的味道，因此，宋太宗是把握在聯夷攻遼策略下，契丹主動反擊親宋勢力，用兵東方，軍力分散的良機，才發動二次北伐的戰爭，應可斷言。

依據上述，簡而言之，高梁河之役敗後，聯夷攻夷已是宋廷圖遼要策。由於烏舍、定安等渤海殘部受遼壓迫、女真於宋有賣馬之利，故皆親向宋朝，甚至有意聯合攻擊契丹。但比較積極的烏舍、定安可能實力不足，懼遼報復，遲遲沒有採取行動。宋太宗在持重派的勸阻下，除了繼續加強連絡高麗以牽制契丹之外，亦逐漸降低了取燕復仇的狂熱。到了太平興國七年九月，遼景宗去世，聖宗年幼繼位，承天太后攝政，少數宋朝邊將以為契丹主少國疑，又主張「乘釁取燕」，而實際上，數年間，契丹國情平靜，並無良機可乘。但契丹為突破孤立，掃除親宋勢力，卻主動進兵，制服鴨綠江女真與定安國，且積極準備經略高麗；宋太宗以東北戰雲緊急，契丹畢力分散，聯夷外交已有進展，為爭取時效，遂未經諮商宰相，於雍熙三年正月，逕行定策，迅速頒令，

㊳上書卷二十四，頁一八。
㊴宋史卷二六七，李至傳，頁十二。

再度北伐；並通知高麗，出兵會攻，冀圖一逞。

契丹主動攻討女真與定安國，固然給宋人以聯麗北伐的機會，但高麗顯然敷衍宋人，無意會攻。宋史高麗傳：

> （雍熙）三年，出師北伐，……遣監察御史韓國華齎
> 詔諭之曰：……幽薊之地，中朝土疆，晉漢多虞，寅緣盜
> 據，……今已董齊師旅，殄滅妖氛。惟王久慕華風，素懷
> 明略，……而接彼邊疆，罹於薰毒，……可申戒師徒，迭
> 相掎角，協比鄰國，同力蕩平。……應俘獲生口牛羊、財
> 物器械，並給賜本國將士，用申賞勸。……（高麗國王）
> 治遷延未即奉詔，國華屢督之，得報發兵而還⑩。

此事高麗史所載大致相同⑪，而高麗既「遷延未即奉詔」，宋使只是「得報發兵」，遼、宋、高麗史書亦未見有其後高麗進一步行動的記載，則高麗可能勉強出兵北境，觀望宋遼之戰而已，或許連牽制部分契丹軍力的作用也沒有。攻遼戰爭仍賴宋人獨力面對強敵。於此，吾人亦可瞭解，北宋之聯夷攻遼，在高麗而論，卻是利用北宋以制遼，從而乘勢北進。所以在此期間，高麗應是聯夷攻遼外交的實際受益者。

宋太宗經數年外交部署，雖因契丹主動反擊親宋勢力而獲得北伐良機，不幸歧溝關一役，仍為契丹所敗。宋軍奔逃至拒馬河，「溺死者不可勝紀」，「餘眾奔高陽，又為遼師衝擊，死者

---

⑩上書卷四八七，高麗國傳，頁三一四。
⑪高麗史，卷三，頁三十八。

數萬，棄戈甲如丘陵」⑫。而遼軍乘勝，頻頻深入寇擾，河北大受摧殘，太宗深為追悔，曾面告大臣，「卿等共視朕，自今復作如此事否」。另外，長編卷二十四亦云：

> 初曹彬及劉廷讓等相繼敗覆，軍亡死者前後數萬人。緣邊創痍之卒，不滿萬計，皆無復鬥志。河朔震恐，悉料鄉民為兵，……不敢禦敵。敵勢益振，長驅入深、祁，陷易州，殺官吏、鹵士民。……攻不下者，則俘取村野子女，縱火大掠。……魏博之北，咸被其禍，上深哀痛焉⑬。

因此，歧溝一戰可說已打垮了宋人對遼作戰信心，此後不得不採取守勢，聯夷攻遼的政策，恢復燕雲的大計，皆告擱置。淳化五年（西元 994 年），高麗遣使請出兵伐遼，咸平六年（西元 1003 年），又請出兵牽制，宋廷皆不應⑭。

由於歧溝之敗，北宋聯夷攻遼以復燕雲的策略目標是落空了。推究其因，當然宋軍缺乏臨敵制勝的戰力要負主要責任。其次，渤海殘部與女真的力量薄弱，禁不起契丹打擊，以及高麗敷衍觀望，不能發揮牽制效果，也有關係。但契丹在連續用兵東方之際，仍能迅速將主力轉移，應付宋人的進攻，而且保持充沛的戰力與高昂的士氣，似乎更是整個策略成敗的關鍵。據遼史聖宗

---

⑫遼史卷十一，聖宗本紀，頁三。

⑬長編卷二十四，頁六。

⑭上書卷三十六，頁六，太宗淳化五年六月庚戌，壬子兩條；又同書卷五十五，頁十，真宗咸平六年八月丙戌條。

本紀，經過一場寒冬征戰，討平定安國及附近女真之耶律斜軫、蕭勤德、謀魯姑等所部，甫於統和四年（雍熙三年，西元986年）二月中旬還軍歸朝；「行飲至之禮，賞賚有差」⑤。而三月初，宋軍已三路入境，連取寰、涿、應諸州，軍鋒甚銳⑥。遼廷即「詔趣東征兵馬，以為應援」。斜軫統兵赴山西，謀魯姑馳援耶律休哥，蕭勤德警備平州海岸。休哥得此後援，乃轉守為攻，破宋軍於拒馬河，又敗之於歧溝關。耶律斜軫則馳赴山西，鏖戰數月，克復諸州，並親自設伏，陣擒驍將楊繼業。繼業號無敵，攻據雲朔數州，及其敗死，宋諸州守將皆棄城遁。影響不可謂不巨。故其後遼廷特以「斜軫所部將校前破女真，後有宋捷，第功加賞」⑦。契丹具有如此優越的機動力與持久戰鬥力，難怪能成為當時威霸北亞的超強。檢討起來，宋人戰力既有不及，外交所結之反遼勢力也有很大限制。與女真關係是以貿易利益為基礎。高麗較有實力，但自有其打算。其親向宋朝，一方面是文化的因素，一方面卻是要利用北宋來牽制契丹，消極可自保，積極則可乘宋、遼抗爭之機，推行北進，獲取實利。只有渤海殘部之烏舍、定安基於亡國之恨較有可能與宋人進行敵愾同仇的軍事合作；可惜實力薄弱，難有重大作用。所以宋人在外交上雖造成了有利情勢，實質上，卻是聯至弱以制超強，因而有其根本弱點。加以宋軍缺乏臨戰制敵之力，遂至功虧一簣，所謀無成。太宗復燕之圖，不得不飲恨擱置。

---

⑤遼史卷十一，聖宗本紀，頁二。
⑥宋史卷五，太宗本紀，頁三。
⑦詳見遼史卷十一，頁五一七。

四、聯夷攻遼外交與澶淵之盟前後的宋遼關係

聯夷攻遼外交的目標雖然未能實現，但東北親宋諸部中，仍有烏舍、高麗未遭契丹討服，使契丹在與宋爭衡之際，不能無所顧忌；因此，吾人若進一步考察爾後東北亞國際情勢的發展，即可發現宋遼關係的演變仍深受其影響。蓋歧溝關戰後，雙方敵意甚深，契丹屢次大舉寇宋，河北殘破，軍民困敝。同時西夏李繼遷在契丹羽翼下，勢力亦已漸大，成宋廷西北之患。在此期間，雖然守將郭守文、尹繼倫曾兩挫遼師，略遏其鋒。太宗也曾下詔大市民馬，表示再戰之意，但均經大臣勸阻，即行放棄⑱。因而宋廷在國力與心理的限制下，確已鬥志缺乏，無暇北顧。在這種情況下，契丹似應乘戰勝餘威，以優勢武力，一鼓作氣，壓制宋人，取得確定戰果。但事實上，端拱二年（遼統和七年，西元989年）二月，契丹卻將南征之女真軍東撤復員；四月，遼主與太后車駕班師還京，命蒲領等「率兵分道備宋」，轉採守勢⑲。至淳化三年冬（西元992年），更命東京留守蕭恒德統大軍，號稱八十萬，東伐高麗⑳。即由於契丹經略目標轉而東向，我們可以看出淳化元年以後，河北邊警遽減，宋遼衝突幾乎停止。（詳見下表）宋廷得此喘息，乃得加強征撫西夏，安定西北㉑。契丹何以有這種轉變，我們仍可從當時東北國際情勢獲得理解。

---

⑱長編卷二十八，頁三。
⑲遼史卷十二，聖宗本紀，頁六、頁七。
⑳上書卷十三，頁二，及高麗史卷九十四，徐熙傳，頁七十七。
㉑詳見陳邦瞻，「宋史紀事本末」（台北三民書局影印本）卷十四。

附表：太宗、真宗時期宋遼與高麗女真等部關係對照年表

西元紀年	宋遼關係	宋與高麗、女真等關係	遼與高麗、女真等關係
976		宋遣使冊封高麗王 高麗使如宋賀即位	
977		高麗使如宋貢獻	
978		宋使入麗告北伐	
979	宋伐遼，敗於高粱河	宋遣使加冊高麗王	
980	遼侵宋境	高麗使如宋貢獻	
981	遼侵宋境	宋賜渤海詔、共伐遼 高麗使如宋貢獻 定安國請宋共伐遼	
982	遼侵宋境	高麗使如宋告嗣位	
983	宋遼邊戰	宋遣使冊封高麗王	
984		高麗使如宋貢獻	遼討降女真以後不斷入貢
985		宋遣使加冊高麗王	遼備兵將征高麗旋討定安國
986	正月宋二次伐遼，五月敗於歧溝關遼深入攻宋	宋遣使諭高麗共伐遼	正月遼討平定安國
987	遼入掠宋境		
988	遼深入攻宋	宋遣使加冊高麗王	

989	遼寇宋邊	高麗使人宋	
990		宋遣使加冊高麗王 高麗使如宋謝恩	
991		高麗使謝宋賜經 女真請宋伐遼不應	
992		宋遣使加冊高麗王	烏舍貢於遼
993			遼伐高麗　高麗降遼
994	宋請和於遼不許	高麗使入宋請兵不應	遼使諭高麗　高麗始行契丹年號
995			遼討烏舍　高麗入貢於遼
996			遼遣使冊高麗王 烏舍降遼　高麗入貢於遼
997			遼使入麗賀節　麗使如遼告嗣位
998			
999	遼侵宋境	高麗使如宋訴遭劫	遼遣使加冊高麗王
1000	宋敗遼軍於莫州		
1001	遼侵宋境		
1002	遼侵宋境		
1003	遼寇宋定州		

1004	遼大舉攻宋迫訂澶淵之盟		
1005			高麗遣使賀遼
1006			
1007			遼遣使加冊高麗王
1008			高麗貢獻於遼
1009			高麗使如遼告嗣位
1010			遼使入麗質問前王旋伐高麗　高麗六次遣使入遼請和
1011			遼軍攻入開京旋退兵　高麗四次遣使入遼謝和
1012			遼詔高麗王親朝不果
1013			遼使責取高麗六城不果，麗使三次入遼修好
1014		高麗入貢於宋並請歸附	遼使再索六城不果，渡江攻麗
1015		高麗使入宋請救危急不獲	遼攻高麗並索六城
1016		高麗復用宋年號	遼攻高麗
1017		高麗入貢於宋	遼攻高麗

1018			遼大舉伐高麗　高麗遣使入遼請和
1019		高麗使如宋賀節	遼軍自高麗大敗而還　高麗使入遼請和
1020		高麗遣使如宋	高麗請遼許稱臣如故
1021		高麗遣使如宋	遼遣使諭高麗，高麗貢於遼
1022			遼遣使冊封高麗王，兩國平　高麗復行契旦年號（下略）

（資料來源：續資治通鑑、長編、宋史、遼史、高麗史）

　　高麗自太祖王建以來，利用契丹與中原政權對抗的情勢，一面通好中原，牽制契丹，一面推行北進政策，築城設鎮，頗有所獲。至成宗（西元982-997年）初年，勢力已達鴨綠江流域，對契丹東境產生威脅㊿。而宋、麗之間，雖有聯兵攻遼未成的遺憾，基於牽制契丹的需要，雙方仍通往親密。高麗不斷越海入貢，北宋則東使絡繹，或授官銜、或加食邑、或賜藏經；關係之加強，有增無減㊾。契丹在討平女真，重創宋軍之後，在東北亞的威望已達於高峰，豈能坐視這種情況繼續發展。既然對宋戰爭暫成僵持之勢，遂轉移軍鋒，先對付高麗，以解除側面威脅。所以當高麗遣徐熙赴契丹軍前議和，曾面詢來侵之由，蕭恒德即坦白強調：「與我接壤，而越海事宋，故有今日之師」㊽。

㊿參見金渭顯前引書，頁八二。
㊾詳見宋史卷四八七，高麗傳。

　　契丹此次東征高麗，聲勢頗為浩大，蕭恒德攻破高麗蓬山郡（泰州與邑城之間），俘其先鋒軍使尹庶顏等，並移書高麗謂：「八十萬兵至矣，若不出江而降，當須殄滅」。是時，高麗群臣震恐，軍情動搖，議論傾向割地和親，以避危機㊄。但未幾，恒德攻安戎鎮不克，遼軍小卻，高麗復遣徐熙為使，議和軍前，堅拒割地，願修朝聘，遼廷竟即許和罷兵，且取鴨綠江東數百里之地賜予高麗㊅。高麗以議和稱臣的代價，既免兵禍，又輕易獲增數百里疆土，無怪高麗國王不勝大喜，出城親迎徐熙，廣為慶祝㊆。契丹則大軍攻勢尚未展開，只以攻城小退，遽爾賜地受降，將領蕭恒德猶得賜號之賞㊇。以常理度，實屬費解。今據高麗史徐熙傳所載遼麗和戰經過：

> 熙引兵欲救蓬山，……（遼）又詔書云：大朝統一四方，其未歸附，期於掃蕩，速至降款，毋涉淹留。熙見書，還奏有可和之狀。成宗遣監察司憲偕禮賓少卿李蒙戩和契丹營請和。遜寧（恒德）又移書云：八十萬兵至矣，若不出江而降，當須殄滅，君臣宜速降軍前。蒙戩至營，問所以來侵之意。遜寧曰：汝國不恤民事，是用恭行天罰，若欲求和，宜速來降。蒙戩還，成宗會群臣議之，……將從割地之議，……熙又奏曰：……今契丹之來，其

㊄高麗史，卷九十四，徐熙傳，頁七十八。

㊅上書同傳，頁七十七。

㊆遼史卷十三，聖宗本紀，頁三。

㊆同註㊄。

㊇遼史卷八十八，蕭恒德傳，頁五。

志不過取北二城，……遽割西京以北與之，非計也。……
前民官御事李知白亦以為然，……成宗然之。……遜寧以
蒙氈既還，久無回報，遂攻安戎鎮，中郎將大道秀，郎將
庾方與戰，克之。遜寧不敢復進，遣人促降。……熙奉國
書如契丹營。……遜寧語熙曰：……若割地以獻，而修朝
聘，可無事矣。熙曰：……朝聘之不通，女真之故也，若
令逐女真，還我舊地，築城堡，通道路，則敢不修聘。
……遜寧知不可強，遂具以聞。契丹帝曰：高麗既請和，
宜罷兵⑲。

　　據此，吾人可知契丹於攻破蓬山，稍立兵威之後，並未把握
機會，積極進兵。卻一再使用外交壓力，宣示高麗「速至降款，
母涉淹留」；「君臣宜速降軍前」；「若欲求和，宜速來降」；
直至攻安戎鎮，稍受挫阻，即頓兵不前，繼續遣人「促降」。顯
見契丹用兵之目的，並非在攻滅高麗，吞併其國，而是在迫令高
麗投降契丹，切斷對宋關係，轉而受其約束。至於割地要求，不
過是威脅手段。故在高麗同意稱臣之後，聖宗即頒詔罷兵；不但
割地免議，反而給予江東數百里之地，以籠絡高麗。當然這可能
就是因為與宋和戰未決，有大敵牽制於後的顧慮，所以造成契丹
無意深入，傾向以戰迫降的策略，而且充分表露其意在安定東
方，以及政治約束重於軍事征服的政策意味。

　　高麗既臣服於契丹，次年（西元 994 年），遣使入宋，請求
出兵，助其抗遼。宋廷以歧溝關一役的教訓，對聯夷攻遼，已失

⑲高麗史，卷九十四，徐熙傳。

信心，而且北境邊禍方息，當然不宜生事，因此太宗表示：「北邊甫寧，不可輕動干戈」，予以拒絕。從此宋麗通貢之政治關係中斷⑩。

契丹以恩威兼施的手段，將親宋的高麗收降後，東北之反遼勢力已僅存烏舍一部，故經年餘養息，契丹又於統和十三年（西元 995 年）秋，由奚王和朔奴及蕭恒德統軍進討。烏舍（兀惹）王請降，遼軍利其俘掠，仍四面急攻。烏舍死戰，城不能下。和朔奴欲退，蕭恒德以師久無功，何以藉口；主張深入大掠，猶勝空返。遂掠地東南，循高麗北界，西踰長白山而還。道遠糧絕，又逢嚴冬，人馬多死，遼廷因此震怒，和朔奴、蕭恒德等五將領皆削官示懲⑪。契丹此役雖頗受損折，但烏舍小國更不能堪，故仍於十五年春，舉部降附，按歲進貢⑫。

經過上述兩次征伐，高麗、烏舍兩大親宋勢力皆已制服，至是在對宋鬥爭中，契丹已無後顧之憂，可全力南向。而宋人佈署之反遼陣線亦已粉粹無餘。影響所及，河北邊情又緊。宋真宗咸平二年（遼統和十七年，西元 999 年）。遼主親自統軍南侵，直抵瀛州，宋將康保裔陣亡，遼師縱掠，明春始退。四年冬，遼主又南犯，敗宋軍於遂城⑬。至景德元年（西元 1004）冬，聖宗更奉太后大舉攻宋，祁州、德清皆破，軍鋒直抵澶淵。情勢之嚴重，為宋遼交兵以來所未曾有。宋廷雖冒險親征，實惶駭動搖，

<hr>

⑩長編卷三十六，頁六。
⑪詳見遼史卷八十五，和朔奴傳；卷八十八，蕭恒德傳；卷九十四，耶律幹臘傳；及卷十三，聖宗本紀，統和十四年九月條。
⑫上書卷十三，聖宗本紀，統和十五年春正月癸未條。
⑬詳見宋史卷六，真宗本紀。

乃設法求和，而有澶淵之盟的訂立。宋人歲輸銀絹三十萬於遼，
換取和平。契丹亦以獲取豐厚戰果，且為長期利益，樂於罷戰約
和。宋遼二十餘年的戰爭獲告結果。

　　澶淵之盟後的契丹，坐享中原歲幣，除與宋約為兄弟之外，
北亞諸部無不臣服，國勢之盛，達於極點。但是高麗之降，只是
名義之稱臣賀貢，實際則自王其國，繼續北向經營，契丹獲益不
大。故當統和二十七年（宋真宗大中祥符二年，西元1009年），
高麗大將康兆弒其王誦，改立大良君詢，聖宗遂以為藉口，於次
年十一月，親統步騎四十萬，渡江東征。高麗屢次遣使懇求修
好，皆被拒絕。聖宗親征，曾擒斬康兆，高麗西北城砦皆下，並
於二十九年正月，攻陷王都開京。但以西京（平壤）、興化未
下，後路可虞，乃許和班師，而高麗乘機邀擊，又遇連日大雨，
馬駝皆疲，以致損失慘重。其後因高麗王拒絕親自朝覲，契丹轉
而要求收回前賜之江東諸地，仍為所拒，衝突再起。契丹屢次渡
江進攻，謀武力奪回，然無重大進展。至開泰七年（西元1018
年）十月，聖宗復命蕭排押等統兵十萬，大舉深入，征討高麗。
大軍渡江未幾，即有茶陀河之敗，後又攻開京不下，被迫回師，
與高麗戰於龜州東郊，結果大敗，幾乎全軍覆沒[64]。至此聖宗不
得不放棄對高麗的討伐，「赦高麗之罪」，許其繼續稱臣[65]。在
此十餘年間，契丹既專力於攻討高麗，相對的，宋遼關係則顯示
空前的平靜，固然這是澶淵之盟的功效，但契丹連續東征敗衄，

---

[64]詳見李有棠，遼史紀事本末（台北，大華書局影印本）卷七，及高麗
　　史，卷四，顯宗世家；及遼史卷十六，聖宗本紀，開泰七年十二月條。
[65]遼史卷十六，聖宗本紀，開泰九年五月條。

國力嚴重損耗，似乎也是部分原因。而這種宋遼關係的穩定展開，對於澶淵盟約的維繫應也有所助益。所以宋人對契丹之敗，亦有「契丹或微弱，則愈依朝廷，必無負約之理」的評論⑥。至於高麗在契丹不斷攻擊之下，為爭取協助，牽制契丹，亦於真宗大中祥符七年（西元1114年），遣使入貢於宋，請求歸附；以後又屢次遣使朝賀（參見附表），使宋帝國在東北亞的國際威望得到部分挽回。這也可說是聯夷外交的另一收獲。

五、結論

加上所述，宋自太宗吞滅北漢，乘勝伐遼，戰敗於高梁河之後，為了雪恥與恢復燕雲，乃積極聯絡女真、高麗，以及渤海殘部之定安、烏舍，佈署反遼之聯合陣線，宋初的聯夷外交因告展開。由於女真於宋有賣馬之利，高麗則因其同種之渤海為遼所滅，故對遼深有惡感，因而反遼聯盟得以形成。但高麗之親宋，意在牽制契丹，便於北進，對於進攻契丹，消極觀望；女真、定安、烏舍雖較積極，卻實力薄弱，不敢主動進擊，因此，宋廷以無機可乘，伐遼復仇之圖，暫告擱置。到了太平興國七年九月，遼景宗崩，聖宗年幼繼位，母后攝政，宋將賀令圖等以為「契丹年少，母后專政，國人嫉之」，建議乘機北伐。宋太宗心動。但契丹在蕭太后主政下，數年間，選賢任能，勸課農桑，政情平穩，國勢日隆，仍無可乘之機。直到契丹謀瓦解反遼勢力，主動

⑥長編卷八十七，頁八，真宗大中祥附九年六月丙申條。

討平鴨綠江女真；雍熙二年冬，又東討定安國，並準備伐高麗。宋太宗以契丹軍力分散，良機不再，遂於次年正月，斷然出師，發動其第二次伐遼之役。同時遣使往諭高麗，發兵會攻。於此可見賀令圖等前舉，主張再度伐遼的理由對太宗或許有其鼓動作用，但後來宋廷頒詔興師把握的是契丹東征，兵力分散的良機，似可斷言。至於此次戰役，由於契丹東征之軍迅速勝利凱旋，故能兼程南援。宋軍在契丹優勢機動與持久戰力的打擊下，再遭敗績，復燕之議，被迫放棄。而高麗方面，對於攻遼之戰，依然遷延觀望，並無具體軍事行動，所以，聯夷攻遼成為聯至弱以制超強的情勢，原有目標，完全落空。

契丹擊敗宋人第二次北伐後，不斷大舉南侵，屢挫宋軍，河北殘破。幸而宋人仍具相當守禦戰力，利用宋遼抗爭的機會，不斷推行北進政策的高麗，勢力亦已達到鴨綠江附近，故而契丹之南侵，不能無所顧忌；宋遼戰爭，略成僵持之局。契丹為解決側背威脅，乃轉移軍鋒，攻討高麗，迫其棄宋降遼，並賜予鴨綠江東數百里之地以為籠絡。高麗以名義的臣服，竟換得賜地數百里之利，可說是北宋聯夷攻遼外交的實際受益者。

高麗降服後，契丹又北討烏舍，迫其降附，至是宋人佈署的反遼陣線已完全瓦解。契丹既無後顧之憂，乃全力南下，迫宋人訂立澶淵之盟，取得豐厚戰果。於此之際，契丹可說威霸北亞，國勢鼎盛。但遼聖宗為徹底制服高麗，取回江東諸地，十餘年間，兩度對高麗大舉用兵，然皆出師不利，國力與聲威大受折損，宋遼關係也呈現空前平靜，澶淵之盟有了穩定的開始。而高

麗受遼攻逼，為求牽制，亦恢復對宋之通貢，宋廷因此挽回部分
國際威望，聯夷攻遼外交仍然不無收獲。

（本文原刊於《臺灣師大歷史學報》第十期　民國七十一年六月）

宋夏關係中的
青白鹽問題

一、引 言

　　北宋的對外關係，以遼夏為要，而交涉之繁與變動之烈，又以對夏為最。在宋、夏衝突中，宋以軍事不振，未能以武力制服夏人，遂採行對遼「歲幣買和」之類似政策；企圖利用西北畜牧部族對中原農業區的物資依賴性，以經濟籠絡的辦法，來應付西夏。終於在宋夏慶曆和議中，達成宋對夏給予歲賜的正式約定。但歲賜的直接受益者是西夏王庭。一般西夏部族為改善生活，對宋和平貿易更是理想途徑。因此，宋夏關係中，影響和戰的因素，尚有一經濟性之貿易問題。這點向未為學者所注意。

　　宋夏貿易交涉自李繼遷叛宋，便已開端。宋廷大致採取「和市馭邊」政策，以貿易作政治運用的手段，藉經濟封鎖的辦法來困制夏人。故宋夏貿易頗不穩定。但一則夏人基於需要，不得不爭取貿易機會，二則宋廷也以通市為招納西夏的條件，所以貿易雖常因衝突而中斷，也常於和平重建時獲得恢復。唯獨西夏重要特產青白鹽一項，自太宗末年，禁止入口之以後，歷經和戰交涉，迄未放行。雖以德明之服順爭取，元昊之兵威要脅，皆不能使宋方改變政策。可見青白鹽貿易在宋夏關係中，實為一特殊問題，有其獨特的背景。本篇短文之目的便在究明宋廷禁絕西夏青

白鹽入境的動機，交涉之經過，及其在宋夏關係中的意義。

二

西北池鹽的生產，唐時即已有之，以鹽州之烏白池為著①，大量供應關隴之軍需民食，政府設有「榷稅使」管理征納②。五代時，則於慶州置榷鹽務，專稅青、白兩池鹽③。趙宋開國初年，夏州李氏頗為恭順，太祖對之也加意撫綏，所以西北安定，聽任邊境蕃漢民戶自由貿易。黨項諸羌雖有農耕，但土地貧瘠高亢，故糧食不足，遂多用池鹽與邊民交易穀麥④。因此，青白鹽實為黨項羌部之重要生計。

宋太宗太平興國七年（西元 982 年），李繼捧入朝，獻世鎮之定難軍五州地，其弟李繼遷率族眾叛走地斤澤，數寇諸州，西

---

①元和郡縣志，卷四，頁九八：
　（鹽州五原縣）有烏，白池出鹽。
②又舊唐書食貨志，卷四十八頁二十四：元和五年，正月，度支奏，鄜州、邠州、涇原諸將士請同當、處百姓例，食烏、白兩池鹽。
　又頁二十六：
　烏池在鹽州，舊置榷稅使，長慶元年三年（月），敕烏池每年糶鹽收博榷米以十五萬石為定額。
③五代會要，卷二九六，頁三二一（世界書局本）：
　周廣順二年三月初，青白池務素有定規，祇自近年，頗乖循守，……訪聞改法以來，不便商販，宜令慶州榷鹽務，今後每青鹽一石，依舊抽稅八百八十五陌，鹽一斗白鹽一石，抽稅錢五百，八十五陌鹽五升。此外更不得別有邀求。又原註云：
　青白鹽在鹽州北，唐朝原管四池，曰烏池、白池、瓦窯池、紐頂池。今出稅置使，惟有青白兩池。
④宋史卷二七六，鄭文寶傳，頁十一。

北邊警遂起。時宋遼正面衝突，宋軍不競，無暇注意西北，繼遷倚遼為援，乘機坐大⑤。而宋以銀夏騷然，端拱二年（西元989年）罷沿邊互市⑥。並於淳化二年（西元991年）命翟守素以大軍援夏州，時契丹兵鋒稍挫，繼遷乃向宋請降，宋廷授為銀州觀察使，賜姓名趙保吉，並以其弟繼沖為綏州團練使，賜姓名趙保寧⑦，又接受其要求重開通市，「以濟資用」⑧。

　宋廷以為繼遷既得兩州，又許通互市，邊警當可平息，但繼遷卻未以此而滿足，西北依然騷擾。於是太宗採陝西轉運副使鄭文寶的建議禁蕃鹽入境，私市者死，以困扼繼遷族黨。宋史鄭文寶傳：

　　　授陝西轉運副使，……先是諸羌部落種藝殊少，但用池鹽與邊民交易穀麥。會餽輓趨靈州，為繼遷所鈔，文寶建議以為銀夏之北，千里不毛，但以販青白鹽為命爾，請禁之。許商人販安邑解縣兩池鹽於陝西，以濟民食，官獲其利而戎益困，繼遷可不戰而屈。乃詔自陝西有敢私市者皆抵死，募告者，差定其罪。行之數月，犯者益眾，戎人乏食，相率寇邊，屠小康堡，內屬萬餘帳亦叛。商人販兩池鹽利少，多取他逕，出唐、汝、襄、鄧間邀善價，吏不能禁，關隴民無鹽以食，境上騷擾。上知其事，遣知制詰

⑤遼史卷十一，聖宗紀二，頁九，統和四年十二月條。
⑥皇朝編年綱目備要卷四。
⑦李燾，續資治通鑑長編（以下簡稱長編）卷三十三，頁八，淳化二年，七月己亥條。
⑧吳廣成，西夏書事卷五、頁五。

　　錢若水馳傳視之，悉除其禁，召諸族撫諭之，乃定⑨。

　　其初禁的時間，據文獻通考的記載，事在太宗淳化三年（西元992年）⑩。

---

⑨見宋史卷二七七，鄭文寶傳，頁十一。禁鹽之事長編不載。唯鄭文寶之官職，該書卷三十二頁三，淳化二年閏二月條：
以鄭文寶為陝西轉運使，許便宜從事。又卷三十四、頁三淳化四年三月壬子條：
成德節度田重進改授永興軍節度使，上謂陝西轉運使鄭文寶曰：重進先朝宿將，宣力於國卿宜善待之。
則禁鹽時，鄭文寶為轉運使，與本傳異，今案宋史卷二七七，盧之翰傳，頁九：
（盧之翰）以勞加戶部員外郎，又改陝西轉運使遷吏部員外郎。至道初，李順亂蜀，命兼西川安撫轉運使，賊平還任，……時副使鄭文寶議城清遠軍，又禁蕃商貨鹽……。
又據長編卷三十四，頁五，淳化四年五月戊申：
（盧之翰）以勞加戶部員外部，為陝西轉運使。
可見淳化四年五月以後，陝西轉運使是盧之翰，副使才是鄭文寶，應無問題。再考鄭文寶本傳，自淳化二年為轉運副使以後，直迄至道初年，得罪貶藍山令，官職並無遷降。則至道初年以前，鄭文寶實未曾任職轉運使，其理甚明。且會要，食貨部卷二十三，鹽法條頁二十二亦云：
淳化四年八月，……先是戎人以青白鹽博得米麥充食，轉運副使鄭文寶建議……。（禁青鹽云云）
據此種種，禁鹽時，鄭文寶的官職似以從會要，本傳，作副使為是。日人宮崎市定「西夏興起與青鹽問題」亞細亞史研究㈠（京都大學1962），頁二九三，仍取長編之說，作轉運使，恐有未妥。

⑩初禁青鹽的時間，長編、會要、宋史皆無載，惟馬端臨、文獻通考，卷十五，征榷二，頁一五五（商務印書館本）註云：
舊錄緣邊諸州兼烏白池之青白鹽，淳化三年，陝西轉運鄭文寶以李繼遷叛逆，請禁止之，許商人販解池鹽，可以資國計。詔可。
則初禁青鹽當在淳化三年。日人宮崎市定在「西夏之興起與青白鹽問題」

　　青白鹽之禁止，顯然重要動機是企圖以經濟窒息的方法，迫李繼遷就範，但因解鹽不行，關隴之民無鹽可食，甚至激起了戎人的反感，發生大騷動，使宋廷不得不放棄既定策略，以安撫邊區蕃漢民眾。所以這次的禁止，可說完全失敗。日人宮崎市定甚

（見亞細亞史研究㈠頁二九三）文中，即採信此說。但吾人若詳加推考當時情勢及有關記載，似可發現此說是有問題的。案文獻通考所載，宋禁青鹽的原因是李繼遷叛逆，可是繼遷剛於淳化二年七月降宋，太宗並授其為銀州觀察使，賜國姓名保吉，（宋史太宗本紀，長編卷三十七），次年，繼遷入居銀州，宋廷並循其請，許通陝西互市。是則淳化三年，宋夏剛剛和解不久，宋廷正欲懷撫繼遷，安定邊境，實無禁鹽生事之理，若有意禁鹽，何又許其通市。今據宋會要、食貨二十三，頁二十二，鹽法：

淳化四年八月，詔陝西諸州先禁戎人販青白鹽，……而犯法者眾宜除之，悉仍舊貫。先是……鄭文寶建議……（禁鹽云云）。太宗從之……行之數月，犯法者眾……而境上騷擾因下詔盡復舊制。

又宋史鄭文寶傳也說：

（禁鹽）行之數月，犯者益眾，戎人乏食，相率寇邊，上知其事，……悉除其查禁。

可見鹽禁只推行「數月」就已因效果不良，而迅速撤消其解禁的時間。文獻通考也說（淳化）四年八月，詔除其禁（見前）。與會要同。所以青鹽禁而復解在四年八月是沒問題的。那麼如於三年初頒禁令，至四年八月，則施禁期間最少已將近一年，何能謂「行之數月」。因此淳化三年之說，殊難使人信服。今據宋史卷三二四，劉文質傳，頁二十二：

……徙知慶圳，李繼遷入寇，文質將出兵，而官吏不敢發庫錢，乃以私錢二百萬給軍士；皆感憤，遂大破賊。

又西夏書事卷五，頁五：

淳化四年四月，保吉叛，寇慶州。

因此，鄭文寶初禁青鹽，若依西夏書事之說作淳化四年，至八月解禁則與「李繼遷叛逆」而禁，以「行之數月，犯者日眾」而解的事實似較符合，通考之說恐不可盡信。惜西夏書事所載保吉叛寇慶州之時間未知是何根據尚須詳考耳。

且認為此次禁鹽，激使中立的戎人投向李繼遷，造成西夏勢力的驟然膨脹[11]。

初次的禁止，雖告失敗，但以繼遷寇擾不已，西北不寧，宋遼衝突，宋廷無力專注於此[12]；因此，至道初年（西元995）鄭文寶又請准再禁青鹽，並奏減解鹽價，以加強效果[13]。此後終北宋之世，禁而不解。

不過，青鹽固是西人生計要源，卻也是久來關隴民食所資，故對禁鹽政策，持反對意見的宋臣亦不乏其人。除前述太宗時，主持解禁的錢若水外。真宗時，參知政事李至亦不以禁青鹽為然。他說：

---

[11] 宮崎市定，亞細亞史研究㈠，頁三〇四。

[12] 戴錫章，西夏紀（臺灣華文書局）卷二，頁一一一〇。

[13] 青鹽再禁，諸家不載，前引宮崎市定，「西夏興起與青白鹽問題」亞細亞史研究㈠，頁二九三，推定為至道二年左右，他說：時には靈州と內地との交通が杜絕しこ，太宗末年至道二年には，繼遷が靈州を襲い殆ど守り難い，程であるたそこで同年八月宋は李繼隆るして五路より大舉，李繼遷の本據と攻めたが，……恐らく此前後の事と思われるか宋は再に青白鹽輸入を嚴禁した。
唯宋史卷二七七，鄭文寶傳，頁十三：既而文寶復請禁鹽，邊民冒法抵罪者甚眾，……文寶又奏減解州鹽價，未滿歲，虧歲課二十萬貫復為三司所發，乃命鹽鐵副使宋太初為都轉運使，代文寶還，下御史臺鞫問，具伏，下詔切責，貶藍山令。
據宋史同卷，宋太初傳，頁八：
至道初，……改刑部郎中，充陝西轉運使，二年命白守榮，馬紹忠護芻糧分三番抵靈州，……為戎人所剽。
是鄭文寶去職在至道元年，則青鹽再禁，起於文寶，時間必不晚於至道元年，宮崎氏未詳考宋史列傳，致有此誤。

靈州自鄭文寶為國生事，……關輔生靈困轉輸之役，……巍然空壁，老我師徒，……絕其青鹽使不入漢界，禁其糧食使不及蕃夷。致彼有詞而我無謂⑭。

另外，景德二年，河陽節度使王顯也基於民生的考慮「請通青鹽以濟邊民之用」⑮。

二十年來，李繼遷對宋時叛時降，宋困於對遼戰爭，對夏征撫不定，而西夏勢力漸大，不但恢復了故土五州，而且攻陷了宋的西北重鎮靈州，成為巨患。至真宗景德元年，宋遼澶淵之盟成立，北鄙呈現和局。西夏方面，真宗採張崇貴之議，也決定招納之策⑯。剛好當時繼遷去世，他的兒子德明繼立，亦以連兵已久，極須休息，有罷兵就撫之意⑰。於是和議於景德二年（西元1005年）展開。真宗可能受前述開放論者的影響，曾許德明以遣子弟入質為條件，開放青鹽貿易。次年，和議商妥，德明雖因不願遣子弟人質，放棄青鹽入口，但以利之所在，仍表示將於適當機會再作爭取⑱。而真宗也告訴臣僚，「若異時德明復有懇

⑭長編卷四十二，頁十三，至道三年十二月辛丑條。
⑮長編卷六十一，頁十五，景德二年十一月丙午條。
⑯長編卷五十六，頁十一，景德元年五月甲申條：及西夏紀卷四，頁三，引西夏紀事本末。
⑰長編卷五十五，頁十：咸平六年九月壬辰，夏州教練使安晏與其子守正來歸，且言賊境艱窘，惟劫掠以濟，……常不聊生。
又宋史卷二八二，向敏中傳，頁十九。及西夏紀事本末。
⑱宋史卷四六六，張崇貴傳，頁二十：
景德二年春，召赴厥，面授方略，許德明以定難節度，……放青鹽禁，凡五事。而令德明……遣子弟入宿衛，凡七事，德明悉如約，惟以子弟入質為難故亦禁青鹽如舊。

請，當令榷場量定分數收市。」[19]似乎青鹽貿易仍有很好的恢復機會。

德明受撫之後，宋夏關係甚為穩定，德明請求遣使市易京師，設立榷場於保安軍，以利蕃漢貿易，皆得真宗准許。夏人見朝廷恩禮日隆，遂致書鄜邊鈐轄張崇貴，請通青鹽。崇貴向真宗報告，但真宗卻令崇貴以德明所納誓表諭之，「蓋向未載放鹽事也」而加以拒絕[20]。八年，德明以青鹽不通，蕃部困敝為詞，復遣牙內指揮使白守貴詣京陳請，仍無結果，「禁鹽如初」[21]。終德明之世，夏人遂不復請。

真宗的態度何以改變了呢？原來宋人之禁青鹽，除欲藉以困制夏人外，當時對外用兵，軍費耗繁，理財官員想利用禁止青鹽進口，來推廣官營解鹽的銷路於關陝地區，從而助益財政，也是重要動機。如鄭文寶議定青鹽，即告訴太宗許商人販解池鹽，「可以資國計」[22]，故得宋廷的支持。景德年間，陳堯叟也認為青鹽入口，官為買賣，則「既亂禁法，且解州兩池鹽不行矣。」[23]於是這種財政立場進一步強化，就使解鹽的銷路問題成為青鹽進口的主要障礙。與宋廷財政收入直接有關的解池產鹽額，至道二年，幾合四千三百五十萬斤，但次年的銷售量只及此半數。至

又長編卷六十四，頁四，景德三年九月丁卯：
鄜延鈐轄張崇貴入奏，德明遣牙校劉仁昴來進誓表，請藏盟府，且言所乞回圖及放行青鹽之禁，雖宣命未許，然誓立功效，冀為異日賞典也。
[19]會要、食貨卷二三，頁二十九，鹽法，景德三年，八月十九日條。
[20]長編卷六十八，頁十七，大中祥符元年四月己未。
[21]宋史卷二九五，孫甫傳，頁十一。
[22]文獻通考，征榷二，頁一五五，註文。
[23]會要、食貨卷二十三，頁二十九，景德三年，八月十九日條。

天禧元年，更被迫減產㉔。而景德末年以後的宋帝國，養兵備敵，郊祀封禪，推恩蔭獎，耗用日繁；為彌補財政，禁青鹽以增解鹽銷額，自為有效的辦法。所以這一派禁止論者的主張就更顯得堅強有力，終使真宗放棄原有的彈性態度。

宋夏之和平關係，維持了三十餘年，由於元昊之稱帝而再告破毀，宋削元昊賜姓及官爵，禁絕互市。但經數年戰爭，宋帝國的武力未能制服西夏，喪師累累，至不得不採取守勢，並利用對遼的增幣交涉，說使遼興宗出面，迫元昊向宋稱臣㉕，而重開和議。在慶曆和議中，元昊挾其軍事優勢，廣肆要求，宋許以歲賜、貿易，西夏仍提出放行青鹽的問題。而且進一步要求由宋廷官方歲購青鹽十萬石，合五百萬斤之多㉖。作為稱臣的代價。當時宋廷群議譁然，紛紛上表反對。包拯言：

> 風聞道路云：元昊欲歲納青鹽，……緣元昊數州之地，財用所出，並仰給於青鹽，自用兵以來，沿邊嚴行禁約者，乃困賊之一計爾。今若許以歲進數萬石，必恐禁法漸弛，奸謀益熾，不惟侵奪解鹽課利，亦慮漸成大敝。……㉗

㉔據錢公博，「宋代解鹽的生產和運銷制度」（大陸雜誌史學叢書第二輯第二冊頁八十四）之估計。

㉕詳見長編卷一三九，慶曆三年正月癸巳條，及卷一四二，慶曆三年七月癸巳條。

㉖宋史卷二九五，孫甫傳頁十。又據同書卷一八一，食貨志鹽法條，頁十四，宋解鹽每石五十斤。

㉗包拯、包孝肅奏議，卷九，頁一八〇。

右正言孫甫亦言：

> 張子奭使夏州回，元昊復稱臣，然乞賣青鹽十萬石。……臣以謂西鹽數萬石，其值不下錢十餘萬緡。況朝廷已許歲賜二十五萬，若又許其賣鹽，則與遺契丹物數相當，使契丹聞之，則貪得之心生矣。況自德明之時，累乞放行青鹽，先帝以其亂法不聽。……蓋鹽中國之大利，又西戎之鹽味勝解池所出，而出產無窮，既開其禁，則流於民間無以隄防矣[28]。

韓琦、田況等論之尤切：

> 慶曆四年二月十六日，樞密副使韓琦、知制誥田況等言：西賊欲每年入中青鹽十萬斛，今只以解鹽半價約之，已及二十萬貫，並所許歲弊（幣）僅四十餘萬，此乃與北虜之數相當，……臣等謂非安計。……自來沿邊屬戶與蕃部交通，為常大率以青鹽價賤而味甘，故食解鹽者殊少，……今若許入中青鹽，其計官本已重，更須增價出賣，則恐沿邊蕃漢盡食西界所販青鹽，無由禁止，解鹽之利，日漸侵削，而陝西財用不得不屈矣。欲入中青鹽之議，決不可許[29]。

　　總觀這些反對青鹽入口的有力議論，包拯的著眼點是「困賊」之計的固有策略觀念。孫甫、韓琦、田況等則強調了遼夏所得相

---

[28] 宋史卷二九五，孫甫傳，頁十一。
[29] 會要、食貨、卷二十三，頁三十八，慶曆四年二月十六日條。

等後，可能引起契丹再度邀索的外交顧慮。但我們更可發現他們一致注意者，仍是青鹽進口必將侵奪解鹽銷路，減損庫收的財經問題，結果就在反對論高漲的情況下，雖以元昊之堅持，一再要索，結果就在反對論高漲的情況下，雖以元昊之堅持，一再要索，宋廷對青鹽問題仍不讓步，元昊怒而兵掠秦州：

> （慶曆四年二月）延壽屢向押伴任顥要索，顥密以陳，宋帝惟許榷場，及添歲賜四萬，餘不許。延壽還，元昊以兵臨秦州之平川，族戶一千餘帳焚掠殆盡㉚。

至此，宋夏和議雖未完全破裂，也已嚴重擱淺。但正當宋夏折衝，經年不決之際。慶曆四年（西元1044年）夏間，遼夏卻起了衝突㉛，使宋夏和議急轉直下。是年五月，遼興宗徵諸道兵伐夏㉜，元昊為免兩面受敵，不得不放棄頑強的談判態度。接受了宋方的最後條件。西人進口青鹽的努力復歸失敗㉝。

㉚見西夏書事卷十七，頁七。又宋會要、食貨卷二十三，頁三十九云：
「慶曆」五年十一月，帝御邇英閣，閱讀三朝經武聖略，顧問曰：李至言鄭文寶建議禁西界青鹽，以為失策，如何？侍讀高若納奏，青鹽之禁，西人至今失其厚利，乃策之得，蓋至之偏見也。帝然之。
可見宋廷禁止青鹽的態度是相當堅決的。
㉛遼夏之戰導源於元昊不滿契丹之諭其向宋稱臣，而契丹卻獨獲宋遺厚利（西夏書事卷十七頁五），故侵遼屬黨項，引起磨擦。慶曆四年春，又誘黨項叛契丹來降，（遼史卷一一五，西夏外紀，頁八），興宗乃徵兵討之。結果為夏人所敗。詳見陶晉生師，「余靖與宋遼夏外交」（食貨復刊第一卷，第十期）頁二十八。
㉜遼史卷一一五，西夏外紀，頁八。
㉝宋史夏國傳上，頁十九。

　　慶曆和議後四年，元昊死於內亂，西夏政局不穩，宋夏紛爭
時起，宋廷每採和市馭邊之策，以制夏人。神宗以後，更銳意西
北，大規模戰爭層次爆發，故宋夏貿易不但時常中斷，範圍也漸
形偏狹㉞。以德明時期宋夏關係之穩定及元昊時期軍事之優勢皆
不能爭取青鹽之放行。則後期以宋夏衝突之烈，更無討論青鹽貿
易之機會了。

三

　　依據上述，可知宋人對這種禁鹽政策的維持是相當堅決的，
但就史實來看，所收到的效果卻是很有限的。因為從品質言，青
鹽「味甘」，「勝解池所出」㉟。而解池官鹽卻「綱吏侵盜，雜
以泥沙硝石，其味苦惡，疾生重腿。」㊱價格上，青鹽每斤錢十
五㊲。僅當解鹽售價的四成左右㊳。故其市場競爭的兩大決定條
件，品質與價格皆遠非解鹽所能匹敵。優勝劣敗，解鹽的銷路固
無法充分拓展；相反地，青鹽私販亦禁而不止。就以再禁青鹽之
初而論，至道二年，解鹽產額三十七萬餘席，約合四千餘萬斤，

㉞宋史卷一八六，食貨志互市舶法條，頁二十四記載熙寧八年，西夏請復
　互市，神宗令：「鬻銅錫以市馬，其纖縞與急須之物仍禁。」
㉟見前引宋史卷二九五，孫甫傳，頁十一；及會要、食貨，卷二十三，頁
　三十七，韓琦、田況奏語。
㊱宋史卷一八一，頁十四，食貨志、鹽法條，天聖八年，翰林學士盛度，
　御史中丞王隨語。
㊲宮崎市定，「西夏の興起と青白鹽問題」之估計，見亞細亞史研究㈠，
　頁三〇〇。
㊳宋史卷一八一，頁十二：
　顆鹽（解州池鹽）之直，每斤自四十四至三十四錢，有三等。

然以次年銷售所得計之，只賣出了半數㊴。到了大中祥符末，積
鹽已達五億四千四百餘萬斤，二十年間，平均每年滯積達二千七
百餘萬斤㊵。仁宗天聖時，雖頗有增產，但積累亦更形嚴重，有
司報告稱：「兩池積鹽為阜，其上生木合抱，數莫可校。」㊶終
於在景祐元年（西元1034年），因所積鹽已可支用十年，而宣告
停產兩年㊷。及嘉祐六年（西元1061年），又「以積鹽多，特罷
種鹽一歲或二歲三歲。」㊸可見解鹽的銷售情形不符理想遠甚。

　　解鹽銷量無法大量增加，相反地，則是西北青鹽私販難以禁
絕。鄭文寶再禁青鹽，不到一年，虧解鹽歲課二十萬，文寶因此
獲罪㊹。咸平中，度支使梁鼎言：「邊州軍少客旅貨賣，頗令遠
郡難得食鹽，漸致邊民私販青鹽干犯條禁。」㊺因此，他曾議行

㊴錢公博，「宋代解鹽的生產和運銷制度」之估計，見大陸雜誌史學叢書
　第二輯第二冊，頁八十五。
㊵宋史卷一八一，食貨志、鹽法條，頁十三：大中祥符九年，陝西轉運使
　張象中言：兩池所貯鹽計值二千一百七十六萬一千八十貫。
　據同卷，頁十二：
　顆鹽（池鹽）之值，每斤自四十四至三十四錢，有三等。
　若以每斤四十錢計之，則二一七六一〇八〇貫，合鹽達五四四〇二七〇
　〇〇斤。
㊶宋史卷一八一，食貨志，鹽法條，頁十四。
　又天聖間，解鹽產量，據同卷頁十三：
　天聖以來，……為鹽歲百五十二萬六千四百二十九石，石五十斤。以席
　計為六十五萬五千一百二十席，席百一十六斤。
㊷玉海卷一八一頁三十：
　景祐元年二月壬辰、朔，以解州鹽池貯鹽可支十年，權停種鹽二年。
㊸宋史卷一八一，食貨志、鹽條，頁十八。
㊹宋史卷二七七：鄭文寶傳，頁十三。
㊺會要、食貨卷二十三，頁二十八，咸平六年正月十二日條。

榷法，改由官府自賣解鹽於邊，價與內地同，以解決邊民乏鹽可食的困難，兼以杜青鹽的銷路。但仍因價格相去懸殊，缺乏效果，徒招擾民之譏，大遭反對而罷⑯。而邊臣對蕃部之犯禁購食青鹽者，亦多寬容不究。故慶曆初年，韓琦等也說：「自來沿邊屬戶與西界蕃部交通，為常大率以青鹽價賤而味甘，故食解鹽者殊少，邊臣多務寬其禁，以圖安輯，惟漢戶犯者坐配隸刑曾無虛月。」⑰足見青鹽以其優勢銷售條件，為邊民所慣用，使劣勢的解鹽難以打開市場，兩者互為因果，遂至雖以刑罰亦難以扭轉困局。

慶曆八年，仁宗命范祥為陝西提點刑獄兼制置解鹽事，推行新法：

> 以延、慶、環、渭、原、保安、鎮戎、德順地近烏白池，姦人私以青白鹽入塞、侵利亂法，乃募人入中池鹽，予卷優其估，還以池鹽償之，以所入鹽官自出鬻，禁人私售，峻青白鹽之禁⑱。

換句話說，就是一方面以屬刑嚴罰禁民購食青白鹽，一方面則由官府自行糶售解鹽，以消除解鹽不行於邊的現象。范祥是關中人，熟知邊情，主張變更解鹽的運銷辦法，藉開新局。當時名臣韓琦、田況、包拯等都支持他的構想⑲，遂得仁宗的採納。但

---

⑯宋史卷一八一，食貨志、鹽法條，頁十二。
⑰會要、食貨部，卷二十三，頁三十八，鹽法、慶曆四年二月十六日條。
⑱宋史卷一八一，食貨志、鹽法條、頁十六。

他對青白鹽的處理，仍不脫以增加收入為目的的財稅立場，未針對解鹽的價格與品質問題加以解決。所以他的措施雖因解鹽行銷地區擴及四川，而使歲入略增(50)。但在抑制青白鹽入口方面，則無顯著效果，宋史食貨志：

自范祥議禁八州軍商鹽，重青白鹽禁，而官鹽估貴，土人及蕃部販青白鹽者益眾，往往犯法抵死而莫肯止(51)。

至和二年，仁宗不得已，稍寬其法，死罪者改配海島(52)。嘉祐年間，宋夏因屈野河事件，關係緊張，宋禁和市，而「商販青鹽往來如織。」仁宗復命薛向為轉運使，平解鹽價，商民始「不復冒禁私販」(53)。不過若說已完全禁絕，則亦屬誇飾之詞，如文潞公集：

（熙寧二年，文彥博）因言西界不稔，斛食倍貴，大段將牛羊青鹽等物私博斛斗入蕃(54)。

㊾宋史卷三百三，范祥傳，頁十六：
范祥字晉公，邠州三水人。
韓琦、田況、包拯對范祥解鹽新法的支持，見同卷范祥傳頁十七。及宋史卷一八一，鹽法條，頁十六。
(50)參見宋史卷一八一，食貨志、鹽法條，頁十六十七。
(51)上書同卷頁十八。
(52)會要、食貨部卷二十四，頁一，至和二年七月十九日條。
(53)西夏書事卷二十，頁四，嘉祐五年十月條。
(54)見西夏紀，卷十四，頁十一，熙寧二年條引。

又會要：

> （熙寧）四年十月十九日詔：近雖令陝西河東諸路止
> 絕蕃漢百姓不得私與西賊交易，聞止是去冬及今春出兵之
> 際略能斷絕，自後肆意往來，所在無復禁止。昨於三月
> 中，有大順城管下蕃部數持生絹白布，……茶等物至西界
> 博過青鹽乳香羊貨不少⑤。

又宋史食貨志：

> 夏人茶山鐵冶既入中國，乏鐵為器，聞以鹽易鐵錢於
> 邊⑤。

可見青白鹽之走私，由來已久，難以禁絕。因而青白鹽之
禁，雖以困敵益財為動機，但純就財政目的而言，由於解鹽不行
於邊，故並無重大增益；以「困賊」之計而論，由於私市的猖
獗，青鹽禁而不止，故亦未能獲得決定性的效果。

四、結論

青白鹽之禁，是由於宋太宗面臨契丹強敵，軍用耗繁；同時
西夏由叛亂而坐大，騷擾西北。在政經並籌之下，形成的決策，

---

⑤會要、食部卷三十八，互市條，頁三十一。
⑤宋史卷一八五，食貨志、坑治，頁十八。

一方面企圖以經濟窒息的方法，困制西夏，達到政治目標；一方面欲以官營的解鹽取代來自西夏的青鹽的市場，增加國家收入，彌補軍費，達到財政目標。西夏為解除這種經濟封鎖，曾趁真宗之綏靖態度與仁宗慶曆和議時期，兩度爭取開放，但當時宋廷財政開支仍日趨耗大，為恐青鹽進口，損及解鹽銷路，惡化政府財務，所以對西夏的要求，皆予以拒絕。禁鹽之策主要本為政治動機而制定，卻以財經的顧慮而繼續維持，以致雖有德明之服順，元昊之軍威皆未能改變宋廷的態度。

若就事實論，由於解鹽之品質，價格等市場競爭條件皆遠非青白鹽之敵。故西北青鹽走私盛行，而且宋方為免過於刺激內屬蕃部的情緒，戰時之外，平時也未徹底嚴格執行禁令。因此鹽禁之效果是很有限的。

（本文原刊於《食貨月刊復刊》第五卷第十期　民國六十五年一月）

北宋對吐蕃的政策

一、引言

北宋立國一百六十餘年，以遼、夏、金為大敵。至於吐蕃，向少受史家注意。事實上，宋人面對遼夏交逼，在策略運用方面，吐蕃仍有不可忽視的重要性。尤其宋夏關係不穩，衝突時起，宋人為經略西夏，因軍旅不振，未能以武力制服，故不得不講求其他外交手段來應付情勢。吐蕃部族多馬，地處河西，與宋夏國境交錯，其政治動向，攸關西北局勢，所以素為宋廷外交策略的重點。本篇之作，目的便在究明宋廷吐蕃政策的形成背景，演變經過，及其產生的效果與影響。從而認識宋人的外交觀念與策略。

吐蕃在唐朝中葉盛極一時，唐室飽受威脅，至唐末衰落，本部邏娑川（西藏拉薩）因與中原隔絕，軍政情況不明。五代時期吐蕃亦微弱不足道。其東方部族則以涼州（甘肅武威）、鄯州（青海西寧）為中心，散處甘肅、青海一帶，各成部落，不相統屬。宋時猶然。故本文所謂的吐蕃，乃指上述甘青地區的吐蕃部族而言。

二、懷柔羈縻時期

宋開國之初，北有契丹強鄰，內有群雄割據，當時太祖與趙

普的經營方略，顯然以先削平關內諸雄，統一中國本部為急務。
聞見錄云：

> 太祖一日以幽燕地圖示中令（趙普）……中令曰，圖
> 必出曹翰。帝曰：然。……中令曰：翰可取，孰可守。帝
> 曰：以翰守之。曰：翰死，孰可代。帝不語久之。……自
> 此絕口不言伐燕①。

又續資治通鑑長編：

> 上（太祖）曰：吾欲收太原。（趙）普嘿然良久曰：
> 非臣所知也。上問其故。普曰：太原當西北二邊，使一舉
> 而下，則邊患我獨當之。何不姑留以俟削平諸國。……上
> 笑曰：吾意正爾，姑試卿耳②。

　　為配合這種策略，以專力南方，故宋初對契丹強敵乃至西北
諸部皆採取守勢，維持邊境安定。既許契丹通和貿易③。對夏州
李氏也加意懷柔籠絡，命李彝興為太尉，特賜玉帶④。承認其

---

①邵雍，聞見錄卷六，頁八。
②李燾，續資治通鑑長篇（以下簡稱長篇）卷九，頁六，開寶元年六月丙
　午條。
③長編輯本，永樂大典卷二二三○七，頁四，開寶七年十一月甲午條。頁
　七，八年三月乙未條。頁十，同年七月庚辰條。
④吳廣成，西夏書事（臺北廣文書局影印本）卷三，頁一，建隆元年正
　月：
　宋初職備三公者，內者趙普，外惟彝興，彝興以藩鎮領之，尤異數也。

世襲舊土的特殊地位⑤。

　　宋初的西北政策既以和守安定為主，故雖然此時吐蕃
種落衰散，對宋帝國毫無抗拒或威脅的力量，但宋廷於吐
蕃部落仍專用恩撫羈縻。建隆二年（西元961年），吐蕃
朶離等族酋長護送靈武蕃部入貢，太祖特給勑書獎諭。同
年，吐蕃部落殺傷宋秦州採木場士卒。邊臣擒捕四十餘
人，宋廷卻為之撤換知州，安輯部落，將拘獲者，「特示
懷柔，各從寬宥」。並賜錦袍撫慰⑥。太宗時，諸國雖
平，與契丹戰爭又起，故這種政策維持未變。縱有寇掠，
仍「念其種類蕃息，安土重遷，倘因攘除，必致殺戮，所
以置於度外，存而勿論」⑦。淳化五年（西元994年）秦
州採伐木材，常遭蕃族攘奪，知州溫仲舒兵驅蕃落。太宗
聞之，亦以為滋事，「或至騷動，又煩吾關右之民。」即
命與知鳳翔府薛惟吉調任，表示朝廷「當以綏懷為務」
⑧。甚至為避免「引惹邊事不和」，曾特詔邊州，「不得

又宋史卷四八五，夏國傳上，頁二：
　（彝興獻馬）太祖大喜，親視攻玉為帶，且召（夏）使問曰：汝帥腰圍
幾何。使言彝興腰腹甚大。太祖曰：汝帥真福人也。遂遣使賜之。
⑤宋史卷三一八，張方平傳，頁五：
帝（神宗）問祖宗禦戎之要，對曰：太祖不勤遠略，如靈夏、河西皆因
酋豪，許之世襲。
又西夏書事卷三，頁六，開寶五年三月：
光叡（彝興子）聞太祖解諸將兵權，罷藩鎮節度，內不自安，遣使貢
獻，表請入朝，詔不許。
⑥宋史卷四九二，吐蕃傳，頁二。
⑦王偁，東都事略（臺北文海出版社影印）卷一二九，頁一。
⑧宋史卷二六六，溫仲舒傳，頁十八。

　　輒放百姓入蕃取柴燒，仍斷絕軍人百姓通事，不得與蕃人交易。」⑨

　　其次，宋初這種對吐蕃的撫綏羈縻政策還有另一重要基礎，就是馬匹貿易的關係。馬為甲兵之本、歷代所重⑩。北宋建國，內平群雄，外拒強敵，為增強軍隊戰力，於馬政甚為注重。王巖叟謂「馬者兵之用，國之所恃以為險者也。有國以來，未嘗無馬，國多馬則強，少馬則弱。」⑪宋祁更認為：「國之大事在兵，兵在馬。」⑫但中國產馬最多的地區，一是塞外陰山南北地帶，一是西北甘青寧綏一帶⑬。契丹既據有北方，控制陰山產馬區，當然嚴禁馬匹入塞⑭。而宋人自養馬匹顯然不能應付需要。如玉海云：

　　　　國初只有左右飛龍二院，諸州監牧多廢⑮。

　　因此，宋朝所需戰馬，不得不仰賴西北諸部供應。
　　西北羌族本多良馬，五代時，即常入貢中國，賣馬京師，為

────────────

⑨徐松，宋會要輯本（臺北世界書局），兵部卷二十七，備邊條，頁二十三。
⑩參見後漢書（臺北藝文印書館影印殿本）列傳卷十四，馬援傳，頁十。
⑪長編卷三七四，頁十四。
⑫宋祁，景文集（臺北商務印書館）卷二九，頁三六六。
⑬宋常廉，「北宋的馬政」上（大陸雜誌史學叢書第二輯第二冊）頁二五六。
⑭參據長編卷卷八十二，頁十七，大中祥符七年六月辛酉。及遼史（臺北藝文印書館影印殿本）卷九十一，耶律唐古傳，頁一。
⑮王應麟，玉海（臺北文海出版社）卷一四九，頁十五。

中原重要馬源。五代會要載：

> （後唐明宗天成四年）樞密使安重誨奏：吐蕃、黨
> 項，近日相次進馬，皆給價值，對見之時，別贈繒帛，計
> 其所費，不啻倍價。請止之。上以為國家常苦馬不足，每
> 差綱收市，今蕃言自來，何費之有。外蕃朝費，中國錫
> 賜，朝廷常事，不可以止。自此蕃部羊馬不絕於路⑯。

北宋初年，太祖基於需要，注意馬政，亦「歲遣中使詣邊州
市馬。」⑰又如長編卷十八云：

> 初比部郎中張全操慷慨敢言事，太祖甚寵遇之，⋯⋯
> 委以邊事，全操部送歲市官馬。略所過蕃族⑱。

所謂歲市邊州，雖不限西北，但實以西北為主要。故西夏書
事云：

> 宋初市馬沿邊，陝右諸州最盛，河東川峽僅居其半
> ⑲。

太宗時，致力圖遼，戰馬的充實，尤其刻不容緩，曾括買民

---

⑯王溥，五代會要（臺北世界書局排印本）卷二十九，頁三五三。
⑰宋史卷一九八，兵志，馬政條，頁六。
⑱長編卷十八，頁五，太平興國二年正月甲午條。
⑲西夏書事卷三，頁一，建隆三年四月。

馬十七萬匹應急，又命「邊郡市馬，償以善價」，藉廣招徠⑳西
北蕃馬已直接關乎宋朝國防及維繫蕃情的安定。

買馬之法，除前述命使市馬邊州之外，亦有由戎人驅馬入
京，售於有司者。後以沿途所經，富戶往往私自選購，以是京師
官家所購者，良馬少。太平興國六年（西元981年）為防杜此
弊，下詔嚴禁私人買馬，「違者許相告發，每匹賞錢十萬，私市
者論其罪，中外官犯者，所在以聞」。蕃馬所過，「悉令縣次續
食以優之。」㉑但禁民買馬之後，因官府買馬，只取其良，而棄
駑者，致往來道死者眾，戎人少利，反不來賣馬。宋廷不得不稍
易其法，太平興國八年，命邊郡官吏謹視馬匹良駑，駑者刻毛以
記，許民市買㉒。

馬價給付，初以銅鐵錢支給，太平興國中，有司言戎人得
錢，銷鎔為器，乃改用茶帛與之交易㉓。買得之馬匹數量，在真
宗咸平（西元998-1003年）以前，每年約五千匹左右㉔。

宋初的西北馬匹貿易到太宗雍熙（西元984-987年）以後，
982年），宋廷徵世鎮夏州的定難軍節度使李繼捧入朝，獻五州
之地。其族弟李繼遷不服，率部分羌眾叛走地斤澤，連結契丹，
以恢復故土為號召㉕。進寇諸州，西北大擾。宋帝國的馬源因而
大受影響。當時附繼遷的黨項諸羌多不肯賣馬。宋史黨項傳：

---

⑳長編卷三十，頁二十，太平興國四年十一月。
㉑宋會要兵部卷二十二，買馬條，頁一。
㉒同註㉑。
㉓宋史食貨志卷一八〇，錢幣條，頁六。
㉔宋會要兵部卷二十四，馬政六，頁一。又長編卷四十三，頁十四，咸平
　　元年十一月戊午：凡市馬之處，……歲得五千餘匹。
㉕詳見西夏書事卷三、四；及宋史卷四八五，夏國傳上。

　　　　夏州趙保忠言：臣準詔市馬，已獲三百匹，其宥州御
　　泥，布囉樹等二族黨附繼遷，不肯賣馬㉖。

　　更嚴重的是繼遷族黨常常抄掠諸羌入京貢馬，減少蕃馬進口
數量。宋史周仁美傳：

　　　　先是諸蕃每貢馬京師，為繼遷激擊，仁美領騎士為
　　援。……㉗

　　馬為中古軍隊機動戰力的決定因素。由於繼遷的破壞馬源，
宋軍的騎兵在質量上難以有效改進，始終遠不如遼人㉘。致而北
伐失敗，不但未能有效打擊契丹，以解除北面威脅，專力西鄙；
也使夏人擁有優勢機動力，進出沙漠，逃避宋軍主力的攻討，逐
漸坐大，成為宋廷大患。范仲淹曾論曰：

　　　　太宗朝以宿將精兵北伐西討，艱難歲月，終未收復。
　　緣大軍之行，糧車甲乘，動瀰百里，虜騎輕健，邀擊前

㉖宋史卷四九一，黨項傳，頁十四。
㉗宋史卷二七九，周仁美傳，頁二十一。
㉘遼史卷六十，食貨志，頁四：
　群牧滋繁，數至百有餘萬，……自太祖及興宗，……群牧之盛如一日。
　又同書卷三十四，兵衛志，頁三：
　每正軍，馬三匹。
　這比宋軍「戰騎多闕」宋會要卷二十二，買馬條）的情形，實不可同日
　而語。

後，乘風揚沙，一日數出。進不可前，退不可息，水泉不
得飲，沙漠無所獲，此所以無功而有患也⑳。

太宗後期，宋帝國北有契丹虎視幽冀，西有夏人寇亂陝石，
充實軍馬，提高戰鬥力，更屬刻不容緩。時契丹馬已不可得，黨
項馬源又梗絕，於是宋人所需馬匹不得不專仰賴吐蕃諸部供應。
影響所及，也使宋廷逐漸轉變其對吐蕃的態度。一面加強懷柔安
撫陝隴諸蕃，以維持蕃人對宋的向心力，藉保馬源的安定⑳。另
一方面，更遣使丁惟清遠赴涼州市馬，籠絡當地吐蕃。遂有淳化
二年（西元991年）涼州六谷吐蕃「左廂押蕃落副使」折逋阿喻
丹的入貢，開啟了宋廷與河西諸蕃進一步聯繫之門。四年，阿喻
丹死，宋以其弟喻龍波為保順郎將。代其任。這是河西吐蕃受宋
朝命之始。以後六谷諸族連年入貢，且有一次進馬千匹者㉛。而
太宗亦加意籠絡，厚加賞賜，以嘉其來。如宋會要云：

　　　　至道元年正月，涼州吐蕃當尊以良馬來貢，引對慰
　　勞，加賜當尊虎皮一，歡呼致謝㉜。

⑳范仲淹、范文正公集（臺北商務印書館，四部叢刊本）別集卷四，頁一
　七三。
⑳如宋史卷四九二，吐蕃傳頁三：
　諸種以馬來獻，太宗召其酋長，對于崇政殿，厚加撫慰，賜以束帛。
　其重視可見。故知秦州溫仲舒為採木材，驅逐蕃部，太宗即加以撤換，
　表示朝廷以「綏懷為務」。（同卷頁四）
㉛宋史卷四九二，吐蕃傳，頁四。
㉜宋會要，方域部卷二十一，頁十五。

又宋史吐蕃傳：

> 至道二年七月，押蕃落副使折逋喻龍波……與吐蕃都
> 部署沒嗘捼于會六谷蕃眾來朝，且獻名馬㉝。

當宋廷加強與吐蕃關係，雙方接近，擴展馬匹貿易之際，西夏也同樣注意及此，力謀予以破壞，阻撓蕃馬入宋。西夏紀云：

> 吐蕃自唐季衰弱，族種分散，……太平興國中，諸族
> 以良馬入獻，自後進奉不絕。時折平族蕃部賣馬靈州，黨
> 項雜部誘繼遷奪之，表訴於朝，繼遷益侵其種落㉞。

又宋會要載：

> （至道二年）折逋喻龍波上言蕃部頻為繼遷侵略㉟。

雖然西夏屢次侵逼吐蕃，妨礙宋蕃之間的馬匹交易。但經濟型態上，西夏部族乃至於鄰近的回鶻部皆與吐蕃類似，以畜牧為主，難有交換可能。吐蕃部族改善物質生活的唯一途徑，乃在與手工農業發達的宋帝國進行貿易。換句話說，吐蕃馬匹不能以西夏為市場，宋帝國是其別無取代的最佳出處。故吐蕃基於本身利

㉝宋史卷四九二，吐蕃傳，頁五。
㉞戴錫章，西夏紀（臺北華文書局影印本）卷二，頁十一。
㉟宋會要，方域部卷二十一，頁十五。

益，在宋夏對立中，勢必傾向宋方。淳化元年，秦州大小馬家族獻地內附。至道二年，涼州更請帥中朝，宋即命丁惟清出知州事，並賜牌印㊱。甚至在西夏的威脅下，宋蕃間基於馬匹交易形成的共同利害關係還進一步發展為協同對夏的軍事聯盟。

三、聯蕃制夏時期

北宋與吐蕃間因馬匹貿易所建立的良好聯繫，到太宗末年，由於西北情勢的惡化，漸發展為聯合對夏的軍事合作關係。原來西夏因得宋遼衝突之便，逐漸坐大。掠奪諸蕃貢使，劫擾馬匹交易，侵逼蕃部。回鶻、吐蕃諸部因利益衝突，又受其勢力威脅，故早有與宋聯兵攻夏的意願。至道二年（西元996年）四月，吐蕃折平族已上言部落為李繼遷所侵，願會兵靈州，以備討擊。這時太宗可能還有自信對付西夏，故無積極引用外力之意，僅「賜幣以答之。」㊲不幸是年秋，宋軍五路征討繼遷，無功而還。及太宗崩，真宗繼立，因初即位及厭於兵戰，對夏政策改變，轉採守勢。曾命西邊將吏，「李繼遷來則驅逐，去則勿追，以寬陝西之民。」㊳並用王禹偁之議，割還李氏原鎮之銀、夏、綏、宥、靜五州地，期弭兵禍㊴。致而西夏勢力驟漲，野心更大，陝右嚴

㊱宋史卷四九二，吐蕃傳，頁四。
㊲同右。另據宋會要，蕃夷部卷四，頁二，回鶻也請合擊繼遷：
　至道上（二）年十月，甘州可汗附達怛國貢方物，因上言願與達怛同率兵助討繼遷。優詔答之。
㊳西夏紀卷二，頁十六。引稽古錄。
㊴長編卷四十二，頁十九。至道三年十二月甲寅。

重受擾，甚至西北重鎮靈州被圍⑩。至此，宋廷既因北鄙未平，無力專注西北，以武力抑制夏人，於是籠絡吐蕃，以弱西夏，遂成為宋廷重要西北邊策。咸平四年（西元 1001 年），靈州危急，宋人棄守難決。時吐蕃、回鶻恰來要求宋廷合兵擊夏⑪。雙方合作的時機頓告成熟。宋將李繼和請授西涼吐蕃都首領潘羅支為刺史。張齊賢更主張封以王爵。宋廷卒授潘羅支為鹽藉防禦使，兼靈州西面都巡檢使，以次各酋豪為懷化將軍，並遣專使前往冊命，「以務綏懷」，「州其戮力，共討繼遷。」⑫接著職方員外郎吳淑更建議廣行以夷攻夷之策，以除繼遷之患，他說：

> 繼遷退伏沙漠，窮追不獲，游魂假息，猶為後患。臣謂宜通西域之地，以助靈武之勢。可以掩其不意，以誅黠寇。宜遣使諭秦以西諸戎，結其歡心，令為前驅指導，斯不難矣。夫蕃戎靡不貪慕財賄，國家誠不愛重幣珍玩以啗之，爵賞榮耀以誘之，則西戎宜其為用矣。古人云以蠻夷攻蠻夷，計之上者也。宜示之以中國強盛，喻之以中國富厚；待之以至誠，臨之以威，眾夷落其敢不服從哉。⋯⋯如此則靈武不憂匱乏，繼遷不足殄滅⑬。

---

⑩詳見宋史卷四八五，夏國傳上，頁八。及西夏紀卷三，頁一一八。
⑪回鶻請討繼遷事，據宋史卷四九○，回鶻傳，頁十三：
　咸平四年，可汗王祿勝遣使曹萬通⋯⋯來貢。萬通自言⋯⋯甲馬甚精習，願朝廷命使統領，使得縛繼遷以獻。
　吐蕃請討繼遷，見宋會要，方域部卷二十一，頁十六。
⑫長編卷四十九，頁十四，咸平四年十月乙卯、己未。書中潘羅支作博羅齊。
⑬長編卷五十，頁六，咸平四年十一月己卯。

簡言之，彼等皆欲以經濟利益與官爵榮寵，籠絡蕃戎，冀資
其力以制西夏，而弭邊禍。宋廷顯然採納了這種主張。故十一月
即下詔：

> 西蕃諸族有能生擒李繼遷者，當授節度使，賜銀、
> 綵、茶六萬。斬首來獻者，授觀察使，賜物有差[44]。

宋廷既有意藉吐蕃以制西夏，而吐蕃諸部中最強的雄長潘羅
支當然是主要的爭取對象。故十二月，特命宋沆、梅詢為專使往
諭，「使攻繼遷」[45]。二使未行，潘羅支卻已於閏十二月致書邊
將李繼和，請確示出兵日期，以便配合，宋遂命其「宜整師旅以
俟，出師即往報」[46]。至此，宋蕃之間，聯合攻敵的軍事計劃已
經確立。惜北宋與吐蕃的聯兵行動尚未展開，而次年三月，久困
無援的靈州即告陷落，宋軍防線大規模後撤[47]。使此一計劃落
空。

此後繼遷建都靈州，立國自雄之心更明。而西涼（甘肅武威）
地當河西衝要，扼中西陸路交通孔道，水草豐美，兵強馬健，自
為其覬覦之地。故繼遷兩度遣使西涼，威迫利誘潘羅支，欲得為
己用[48]。潘羅支悉告其事於宋。並請進兵會攻繼遷，收復靈州。

---

[44]上書同卷頁七，甲午條。
[45]上書同卷頁七，十二月癸丑。
[46]上書同卷頁十七，閏十二月戊寅。
[47]上書同五十一，頁十。咸平五年三月甲辰。
[48]宋會要，方域部卷二十一，頁十七。

宋廷為加強爭取吐蕃，六年二月，授潘羅支為朔方軍節度使，靈
州西面都巡檢使㊾。決然授以制西夏重任。且許如羅支進兵至鹽
州（今夏鹽池縣北），宋即進兵㊿。宋制素少以節鉞頒外夷，(51)
而今授潘羅支方面之任，可見重視之一般。而推宋廷之用心，乃
在防止吐蕃落入西夏掌握，致而增強敵勢，窒礙馬源。如早在咸
平四年議棄靈州時，知鎮戎軍李繼和即言：「所以不可棄者，誠
恐滋大賊勢，使繼遷西取秦成之群蕃，北掠回鶻之健馬，長驅南
牧，何以枝梧。」(52)判永興軍何亮也曾指出：

> 冀之北土，馬之所生，自匈奴猲獫後，無匹馬南來，
> 咸取足于西戎。即剖分為二，其右乃西戎之東偏，實為夏
> 賊之境；其左乃西戎西偏，秦、渭、儀、涇之西北諸戎是
> 也。如舍靈武，則合而為一，夏賊桀黠，服從諸戎，俾不
> 得貨馬於邊郡，則未知中國戰馬從何而來(53)。

諸此均可看出北宋聯吐蕃之政策是由制西夏與保馬源兩因素
使然。吐蕃方面，聯宋抗夏之因素亦有二：一在於免遭夏控制與
侵掠。一在於鬻馬於宋，並歲得俸賜之利(54)。要言之，宋蕃聯盟
關係是因西夏崛起，基於雙方高度的政治經濟相互利益而成立，

㊾宋史吐蕃傳，頁六。
㊿宋會要，方域部卷二十一，頁十八。
(51)以德明之強盛，對宋恭順，僅得定難軍節度使。
(52)宋史卷二五七，李繼和傳，頁二十五；又長編卷五十，頁九，咸平四年
　　十二月乙卯條略同。
(53)長編卷四十四，頁十六，咸平二年六月戊午。

故非西夏誘脅所能分化。

宋蕃間雖再度協議會攻西夏。但李繼遷又在聯軍發動之前，已乘靈州之勝，迅速西攻吐蕃，直入西涼，知州丁惟清陷沒。幸潘羅支詐降，陰集諸族合擊，繼遷大敗，中流矢死(55)。西北局勢方得略緩。

為制繼遷，宋廷兩度與吐蕃協議合攻，唯實際上皆未能制敵機先，故終不免靈州陷落，西涼殘破。然就繼遷因攻吐蕃而死觀之，宋連絡吐蕃，以夷制夷的政策仍有重大收獲。祇是此一收獲係因潘羅支不甘降夏，行險僥倖的意外成功罷了。宋廷政策未能制敵機先的根本原因實在於繼遷機警過人，常能先發制人，掌握戰局的主動。而宋廷決事田循遲滯，並因吐蕃非我族類，深恐引狼入室，徒增邊患，疑懼滋生，也有關係。真宗命宋沆、梅詢使潘羅支時即曾說：

> 朕觀盟會圖，頗記土蕃反覆，狼子野心之事，今已命王超等出師。若難為追襲，即靈州便可制置。沆等不須遣(56)。

---

(54)吐蕃入貢於宋所獲賜典，史載極多，詳見宋史吐蕃傳及宋會要方域部卷二十一西涼條。較重要者如宋會要，方域部卷二十一，頁十五：

（咸平元年十一月）折逋游龍缽來朝，獻馬二千匹，……因言本土造浮圖，乏黃金五彩裝飾，令各賜之。

又頁十六：

知鎮戎軍李繼和……請授（潘羅支）以刺史，仍賜廩給。

(55)宋會要方域部卷二十一，頁十九。

(56)長編卷五十，頁十九，咸平四年閏十二月甲午。

又初授羅支為朔方節度使，真宗只表示為了「賊遷未平常慮西脅諸蕃，益煩禦備」。故羅支屢請會攻繼遷，朝議仍以「西涼去渭州限河路遠，不可預約師期，第詔令常為之備，俟賊侵軼，即命邊兵掎角。」當時真宗雖考慮到「六谷部族近塞捍禦，與官軍合勢，亦國家之利，苟以為難，必不敢復有陳請。且不失其懽心也。」但因上述諸因，結果也只是答應羅支，如西蕃兵至鹽州烏白池，宋即進兵(57)。形同觀望。甚至繼遷敗死西涼，羅支欲進兵賀蘭山，「計除殘孽」，請宋進軍為援；宋廷竟報以「朝廷近知繼遷已死，未經殯葬，所以未欲討除」。「所乞會兵，即緣地里稍遠，日月未定，今議候卿等才集諸族人馬，起離西涼，即差心腹人走馬來報涇原鎮戎軍總管司，已令至時不候朝旨，率兵前進」，「牽制賊徒，伏截道路。」(58)顯然宋方的態度已趨消極，立意在不使吐蕃加入西夏陣營，並欲吐蕃西夏互相制衡，減輕邊患。實無徹底消滅西夏之心，於吐蕃之請遂遲緩不積極。而吐蕃則頗有滅西夏，稱雄西北之意圖，故諸事積極。雙方利益至此各有不同，其合作的程度因而頗受限制。

李繼遷挫死西涼，子德明繼立。潘羅支未及實現其併滅西夏的雄圖，也於半年後，被黨附繼遷的部族所謀殺(59)。餘族共立其弟廝鐸督繼為六谷首領，勢力弱。時契丹大舉南犯，真宗議北征，而「深念西鄙」(60)。故繼續推行連結吐蕃政策。追贈潘羅支為武威郡王，遣使賻卹其家，並以廝鐸督為鹽州防禦使，靈州西

---

(57)宋會要方域部卷二十一，頁十八。
(58)上書同卷，頁十九。
(59)長編卷五十六，頁十五，景德元年六月丁丑。
(60)上書卷五十八，頁四，景德元年十月乙未。

面緣邊都巡檢使。旋進授為朔方軍節度使，六谷大首領，盡領潘羅支舊職。蓋「遷黨未平，藉其腹背攻制。」(61)為西北掎角也。

當宋受逼於遼，吐蕃新易其主之際，西夏繼繼遷而立的德明亦因初即位，政權尚未十分穩固，而且新獲之地亦須實力經營，久戰疲敝之師亦需略事休息，故對宋態度轉變。宋遂藉財貨之利，積極招納。於是繼澶淵之盟的成立，宋夏間也展開和議。景德三年（西元1006年），德明降，受宋封，西北情勢呈現和平，宋詔沿邊減戍弛備(62)。其對吐蕃政策則由積極聯合而轉為維持現狀。一面籠絡廝鐸督，厚予賞賜，屢加存撫(63)。一面也阻止吐蕃與夏衝突，避免多惹邊事。並「錄德明誓表，令渭州遣人齎至西涼府，曉諭諸蕃」(64)甘州回鶻因與德明衝突，請宋發兵為助，宋廷也以「德明順命」而不予允准(65)。大中祥符二年（西元1009年），更詔河西諸蕃部，以「夏州納款，其素與為隙者，自今無相侵略。」(66)至此，宋方欲維持西夏與諸蕃間均勢，俾其互相箝制，以利邊局安定之心表露無遺。唯均勢之能否維持，端在西夏國勢及德明是否就此滿足，惜盱衡時局，似無此可能；故張齊賢於和議初成，已指出西北隱憂說：

以蠻夷攻蠻夷古今之上策，……繼遷為潘羅支所殺，

---

(61)宋會要，方域部卷二十一，西涼條，頁二十至二十一。
(62)宋史卷四六六，張崇貴傳，頁二十一；及卷四八五，夏國傳上，頁九。
(63)詳見宋會要，方域部卷二十一，頁二十一至二十三。
(64)長編卷六十四，頁四，景德三年十月庚午。
(65)西夏紀卷五，頁三，大中祥符三年四月。
(66)長編卷七十二，大中祥符二年十月丁未。

> 臣慮繼遷之子德明……去攻六谷。向使潘羅支尚在，德明
> 未足為虞，今潘羅支已亡，廝鐸督恐也非甚敵，望委大臣
> 經制其事[67]。

他已看出德明必將向河西發展而吐蕃非其敵手。惜宋廷貪圖
苟安，未曾予以採行。果然德明雖受宋撫，建立和平關係，卻乘
機專力西向，爭奪河西，欲宰制諸蕃，拓展勢力範圍。景德四年
（西元 1007 年），六谷蕃告警於宋言「為德明所侵略，無寧日」。
宋對此局勢之發展，仍不以為意。僅以吐蕃之陳述轉諭德明[68]，
並令廝鐸督連結回鶻為備而已[69]。宋廷這種苟安姑息的態度正足
以鼓勵夏人席捲河西的野心，大中祥符四年（西元 1011 年）夏
大舉攻涼州，雖未得逞[70]，但約在八年頃，西涼終為西夏所破。
廝鐸督可能南退河湟地區，依附青唐。不復為吐蕃雄長矣[71]。以
西涼吐蕃之貢奉唯謹，屢效忠順[72]，最後竟成宋廷和邊政策的犧

---

[67]宋史卷二六五，張齊賢傳，頁二十四。
[68]長編卷六十五，頁六，景德四年三月癸丑。
[69]宋史卷四九二，吐蕃傳，頁九。
[70]宋會要，方域部卷二十一，頁二十三。
[71]夏破西涼，史無明載。據長編卷八十五，頁十五，大中祥符八年九月丙
子：
（甘州）可汗王伊嚕格勒上表言：巴烏公主病死，以西涼人蘇守信劫
亂，日與交鬥，不時奏聞，……蘇守信者，夏州所遣，領兵七千，馬五
千，戍西涼者。
是八年九月以前，蘇守信已據西涼。但據宋會要方域部卷二十一，西涼
條所載，直迄仁宗天聖四年，廝鐸督猶遣使貢馬。又宋史吐蕃傳亦言青
唐（青海西寧）唃廝囉撫有潘羅支舊部。可見西涼為夏人所據後，廝鐸
督南退河湟。
[72]詳見宋史吐蕃傳，頁八一九。

牲，可說是宋人的失策。

西涼六谷蕃部既破，西夏聲勢日張，幸此時西北有甘州回鶻與之頡頏。尤其吐蕃贊普後裔唃廝囉崛起於青唐（青海西寧）邈川（青海樂都）一帶，居宗哥城（今樂都西南），撫有潘羅支餘眾，擁兵六七萬，與德明對立，遂成宋廷新的連絡對象。大中祥符七年，宋將曹瑋已建言「宜厚結唃廝囉以扼德明」。唃廝囉方面，當然也羨中國貨財，「希望朝廷爵命俸給」[73]。而且通好於宋，更可獲貢馬大利，如宋會要云：

> （大中祥符）八年二月，宗哥族唃廝囉……並遣使貢馬，……詔估其直，得錢七百六十萬。詔賜袍笏金布、器幣供帳、什物茶藥有差，凡有金七千兩，他物稱是[74]。

又：

九年三月，宗哥唃廝囉立遵遣使來獻馬五百八十二匹，詔賜器幣，總萬二千以答之[75]。

> 可見廝囉部族一如西涼，以通貢中國，貿易賜與為利。故為示好於宋，唃廝囉且於九年初，請助宋伐夏自效。此時宋廷方耽於苟安，惡聞兵戰，厲行和邊政策[76]；

[73] 長編卷八十三，頁十八，大中祥符七年十二月甲戌條。
[74] 宋會要蕃夷部卷六，頁一。
[75] 同上，頁二。
[76] 如長編卷八十三，頁十六，大中祥符七年十一月己酉條云：
知秦州張佶言蕃部儌擾，已出兵格鬥，望量益土卒。王旦曰：今四方寧靜，契丹守盟甚堅，西戎入貢不絕，藩翰之臣宜務鎮靜，上曰：邊臣利於用兵，殊不知無戰為上。

更恐唃廝囉一旦獲勝，其勢益大，又煩存撫，當然不許
⑦。但為制衡西夏，及吸收戰馬，仍於是年（九年）授輔
佐唃廝囉之權僧李遵為保順軍節度使⑱，利其與夏對抗
⑲。仁宗天聖中，為招誘西羌多入京進馬，又命唃廝囉為
寧遠大將軍，愛州團練使⑳。

宋代的西北邊疆大致維持了十年的平靜。及天聖六年（西元
1028年），戰禍再起。是年西夏雄傑元昊攻陷甘州（甘肅張
掖），回鶻潰滅。瓜州亦降。元昊乃乘勝奪取一度為回鶻控制的
西涼府㉑，河西大部已入其掌握。不久德明卒，元昊繼立，一面
與契丹聯姻，蓄謀稱帝建國。一面更積極向吐蕃發展，以謀解決
來自唃廝囉的側背威脅，以作為對宋用兵的準備。景祐二年（西
元1035年），元昊大舉攻青唐、宗哥諸部，深入河湟，屠犛牛城
（西寧北五十里），直逼唃廝囉的根據地鄯州（西寧），爭戰近
年，方始敗歸㉒。唃廝囉上捷報於宋，朝議欲授節度使以為激
勵。同知樞密院韓億卻謂：「（元昊、唃廝囉）二虜皆藩臣，今

⑦長編卷八十六，頁三，大中祥符九年正月乙丑條。
⑱宋會要蕃夷部卷六頁二；李遵，吐蕃傳作立遵、李立遵。又此事宋史吐
　蕃傳作大中祥符七年。今從會要。
⑲長編卷九十九，頁六，乾興元年（西元1022）八月乙卯條：
　涇原路總管司言西蕃總噶爾（宗哥）與德明相攻掠。
　又西夏紀卷五，頁十七、引稽古錄：
　（乾興元年）冬十月，唃廝囉數與德明相攻。
⑳宋會要，蕃夷部卷六頁三。
㉑參見宋史卷四八五，夏國傳頁十二；及長編卷一一一、明道元年十一月
　壬辰條。
㉒彭百川，太平治蹟統類，卷七，頁二十，康定元昊擾邊條。

不能諭令解仇，乃因捷加賞，非所以御四夷也。」[83]予以反對。結果只命為「保順軍留後，歲給俸錢，令秦州就賜之」[84]。顯然韓氏安於德明以來之服順，將吐蕃與西夏一體看待，忽略了聯蕃制夏的傳統政策。其主張能被採納，也表示此時宋廷對西北大局了解不夠，於元昊拓土自雄的野心，及其對宋帝國的嚴重威脅體認未深，故依然以綏靖的被動態度來撫馭兩夷。

宋廷既對西夏的侵併無所干涉，元昊遂於景祐三年取瓜（甘肅安西）、沙（敦煌）、肅（酒泉）三州，盡有河西諸地。拓土三千里。並於寶元元年（西元1038年）叛宋稱帝，國號大夏。至此，宋廷方始警覺，放棄綏撫政策，斷絕對夏貿易，佈置軍事。是年十二月，加唃廝囉為保順軍節度使。年賜大綵一千匹，角茶一千斤，散茶一千五百斤，以激勵西蕃，牽制元昊[85]。旋遣魯經出使青唐，賜帛二萬匹，諭令唃廝囉擊元昊。廝囉曾奉命將兵四萬五千，進逼西涼，以西涼有備而還，然聲言將再舉[86]。

寶元二年六月，宋既忿西夏不臣，詔削元昊賜姓官爵，募人擒元昊，若斬首來獻，即以為定難軍節度[87]。朝臣中態度激烈者爭言西夏小醜，應予立即誅滅；持重派則主順撫而收之。[88]但無論主撫主討，聯結西蕃，以夷制夷，卻是他們共同的論調。如首先受命經略西事的夏竦認為元昊吞併河西，服屬諸戎，勢非昔

[83]長編卷一一七，頁十七，景祐二年十二月壬子條。

[84]同上。

[85]張方平，樂全集（商務書局，四庫珍本初集）卷二十二，頁二十一，秦州奏唃廝囉事。

[86]長編卷一二三，頁十五，寶元二年六月丙寅條。

[87]上書同卷同頁十九，壬午條。

[88]西夏紀卷七，頁二。

比，進討不易，當固守為上。其所上十策中唯一積極攻擊辦法，即「詔嘉勒斯賚（唃廝囉）父子並力破賊。」[89]知延州范雍更以為「天兵有數而敵無限」，「沙漠遼夐，赤地千里，糧餽不繼」。主張「厚以金繒賂嘉勒斯賚及二子，亦令掎角而前，庶此賊可指期而滅。」[90]甚至傾向主戰的鄜延環慶都部署劉平也力主以重爵大利誘使唃廝囉進攻西夏，他說：

今元昊僭逆，……復與嘉勒斯賚相持已久，結隙方深。此乃天亡之時。……或授嘉勒斯賚以靈武軍節度使，西平王，使逼元昊，……則以大軍進討，（元昊）何所為哉[91]。

可是這種倚用西蕃的辦法，在當時仍有疑懼，即懼怕唃廝囉強大，又為後患。長編云：

初議重賄嘉勒斯賚，使擊元昊，因以其地與之。參知政事程琳曰：使嘉勒斯賚得地，是復生一元昊，不若用間，使二羌勢不合，即中國之利也[92]。

程琳的辦法仍在以夷制夷，加強過去的制衡政策，使西夏吐蕃兩者並弱，皆不能為中國患。而宋廷遷延未決之間，康定元年

---

[89]長編卷一二三，頁十八，寶元二年六月丙子條。
[90]上書卷一二六，頁十三，康定元年二月己酉條。
[91]上書卷一二五，頁十七，寶元二年冬。
[92]上書卷一二三，頁十五。寶元二年六月丙寅。

（西元1040年）春，夏軍大舉進圍陝北重鎮延州，劉平於三川口軍敗被俘死。關陝大震，情勢急迫，宋廷遂謀厚結唃廝囉，進攻元昊，分其兵勢，特賜詔諭曰：

> 朕以昊賊僭狂，侵擾邊境，卿資忠濟勇，效順輸誠，授任高牙，保我西略，憤茲醜類，嘗議剪除。相得傳聞，共深讎嫉，所宜早興師旅，往襲空虛，乘彼未還，拔其根本。父子竭力，殄族抗渠，今正其時，機不可失。今來昊賊犯邊，卿俟詔到日，速領手下軍，徑往賊界，同共剪除殺戮。如能有心，盪滅得昊賊，即當授卿銀夏等州節制。仍羌（差）心腹人賫起發兵馬日數文字報與緣邊經略安撫司，以憑發兵應援。仍賜襲衣金帶，絹二萬疋[93]。

由於戰局的惡化，宋方不惜放棄制衡原則，以銀夏為餌，招誘唃廝囉，其急切之情已躍然紙上。是年夏，元昊陷安遠、塞門諸砦，宋甚至致書契丹，決討元昊。八月，宋再遣劉渙往邈川，諭唃廝囉助討西夏[94]。九月，遣杜贄往河州（甘肅臨夏）諭吐蕃瞎氈「出兵討賊」[95]。當時為示優厚，以資招徠，且於陝西州縣

---

[93] 此詔見宋會要蕃夷部卷六，頁三。但賜詔時間作寶元二年二月五日。查二年春，宋夏尚未衝突，宋似不至出此優厚條件。今考長編卷一二六頁七、康定元年二月庚寅條：「詔嘉勒斯賫速領軍馬乘元昊空國入寇，徑往拔去根本。若成功，當授銀夏節度，仍密以起兵日報緣邊經略安撫司，出師為援。別賜襲衣金帶，絹二萬匹。」內容與會要原詔實為一事。而庚寅，亦五日也。故本詔當以康定元年二月為斷。

[94] 長編卷一二八，頁九，康定元年八月癸卯條。

[95] 上書同卷頁十一，九月丙辰條。

特設館驛，專供招待，稱之曰「唃家位」⑯。而廝囉雖「約盡力無負」⑰。然終未見具體行動。慶曆以後，宋軍又有任福好水川之敗，與葛懷敏定川之沒。以唃廝囉制夏政策既未能收效，宋廷日後乃轉採實力備禦之策。於是朝中利用西蕃攻討元昊的議論漸趨沉寂。

　綜前所述，可知自寶元以來，宋廷因懲前代深入進討無功之弊，決心改變政策，思以吐蕃部族制西夏，曲意多端，優容吐蕃；甚至累次主動遣使許以顯爵，誘以巨利，此皆前代所不肯為者。而吐蕃反應卻頗冷淡，使夾擊之議，「卒不能行」⑱。在宋夏戰爭中，「終不能大有功。」⑲究其原因，實與此時青唐羌分裂及元昊進行破壞政策有關。按唃廝囉初娶李遵（權僧還俗）女，生瞎氈、摩氈角；又娶喬氏，生董氈。李遵死，李氏寵衰，斥為尼，二子被錮。李氏黨擁母子出奔。瞎氈據河州，磨氈角據邈川，廝囉不能制，吐蕃因而勢漸衰。元昊遂乘機「以重賄閒之，且陰誘酋豪」。廝囉勢力因而更衰，於是自宗可城西徙。從此元昊腹背受敵之困大減。⑳此時宋廷為得廝囉助力，曾欲同時籠絡其父子，於寶元二年賜李氏以紫衣。封喬氏為永嘉郡夫人。任瞎氈為澄州團練使，磨氈角為順州團練使，各賜襲衣金帶，器

⑯邵雍聞見錄卷十三，頁六。
⑰宋史吐蕃傳頁十三。
⑱長編卷一二六頁七，康定元年二月庚寅條。
⑲宋史吐蕃傳，頁十三。事實上，這場戰爭得以結束，西夏仍向宋稱臣，乃賴宋對契丹外交的收效；參見陶晉生「余靖與宋遼夏外交」。食貨復刊第一卷第十期，頁二六。
⑳長編卷一一九，景祐三年十二月辛未條。

幣及茶，每月另給綵絹各十五匹，希望藉此促其父子團結和好。惜嫌隙已深，父子分裂如故，致吐蕃勢僅能自保[101]。又當劉平被俘，宋再詔廝囉助討時，元昊亦曾遣使「約吐蕃，毋得與中國陰相為援。」[102]總之，此時吐蕃因唃廝囉父子不和而勢衰，元昊遂得恩威兼使，迫吐蕃不敢輕舉妄動，與宋聯合擊西夏。但此期宋人聯吐蕃擊西夏之策雖未能奏大效，其努力仍小有所獲。如寶元二年春，廝囉「兵向西涼，以西涼有備」，「知不可攻，捕殺遊邏數十人。」[103]又慶曆二年春，元昊引兵西向，破瞎氈族帳[104]。使西夏對宋之壓力稍減。諸此均可證明吐蕃雖勢衰，對西夏仍有相當的牽制作用。故宋臣孫甫曾言，「自元昊梗命，終不敢深入關中者，以唃廝囉等族不附，慮為後患也。」[105]

吐蕃在宋夏對立期間，除牽制西夏外，對宋軍馬的供應也有貢獻。自太宗後期，繼遷寇擾，陝隴多警，西北馬源受到影響以來，西涼吐蕃即不斷貢馬，一次有達五千匹者。而宋人為求多得馬，亦極力優容之[106]，於秦、渭、階、文等州設招馬處，專以吐蕃、回鶻為對象，「每歲皆給以空名敕書，委沿邊長吏擇牙吏入番招募至京師，至則估馬司定其值。」[107]故此時期內，吐蕃可說是北宋馬的主要供應者。景德和議以後，德明受撫，西北承平，夏馬也得輸入，遂成宋代馬政的鼎盛時期。但及元昊勃起，席捲

[101] 上書卷一二三，頁九，寶元二年四月癸亥條。
[102] 西夏紀卷七，頁二十四引王闢之，澠水燕談。
[103] 長編卷一二三，頁十五，寶元二年六月丙寅條。
[104] 長編卷一三五，頁五，慶曆二年二月乙酉條。
[105] 宋史卷二九五，孫甫傳，頁十。
[106] 參見宋會要方域部卷二十一，西涼條；及宋史吐蕃傳。
[107] 長編卷四十三，頁十三，咸平元年十月戊午條。

河西，視馬為戰略物資，禁賣於宋，宋代馬的輸入又大受影響
⑱。尤其戰爭期間，更形困難。玉海云：

> 戰爭數年，市馬特三之一⑲。

寶元二年冬，知制誥葉清臣也指出監馬空虛⑩。夏馬不可
得，河西馬已遭阻斷，西南諸州馬品質又差⑪。因此，河湟地區
的吐蕃馬便成宋廷爭取的對象。曾令秦州增價市馬⑫。甚至派遣
專使前往邈川、青唐招買，或誘請羌人驅馬進京出售⑬。於此再
度可知宋夏衝突之際，宋廷聯絡吐蕃實有戰略的企圖與戰馬的需
要兩層背景。

正因在西夏威脅下，吐蕃對宋有軍事牽制與供應馬匹的特殊
地位，所以在慶曆四年，宋夏和議成立西北再告平靜時，宋廷對
吐蕃強族青唐諸部懷撫籠絡仍持續不懈。磨氈角死，宋以其子欺
丁為順州刺史。瞎氈死，亦授其子木征為河州刺史。又加唃廝囉

---

⑱元昊不願以戰馬資宋，據宋史卷二九二，王韶傳，頁二十四：
　　（曹）瑋曰：吾聞德明嘗使人馬榷易漢物，不如意，欲殺之。子元昊方
　　十餘歲，諫曰：我戎人本從鞍馬，而以資鄰國，易不急之物，已非策，
　　又從而斬之，失眾心矣。
　　故他領兵佔有河西，宋的買馬就受影響。玉海卷一四八，頁二十五云：
　　自德明據河西，其牧市唯麟府（等）……其後置場九。
　　比真宗馬政盛時，置場十九，僅餘其半。
⑲玉海卷一四八，頁二十五。
⑩長編卷一二五，頁十六，寶元二年閏十二月。
⑪宋會要兵部卷二十四，雜錄條頁三。
⑫長編卷一二三，頁十一，寶元二年五月丙申條。
⑬參見宋會要蕃夷部卷六、吐蕃條，頁三。

子董氈為防禦使。皆賜茶綵為俸。嘉祐四年，因西蕃使者不滿，宋廷特升其宴席座次以順其意。英宗治平二年（西元 1065 年）唃廝囉卒，宋亦依其願以其子董氈為保順軍節度使，另授蕃官數十人，皆月賜茶綵，給俸有差。神宗（西元 1068－1085 年）即位之初，於西蕃的連絡也很注意。董氈為青唐強部，更為所重，除增賜銀器茶綵、加封食邑外，特封其母為錦州刺史。在此種財貨籠絡下，大體而言宋蕃關係至為穩定。嘉祐（西元 1056－1063 年）以後，宋夏糾紛漸多，衝突時起，宋曾停歲賜，禁貿易以制西夏。而董氈也曾兩敗夏軍，使西夏對河湟地區的拓展受到有效防阻[114]。因此，宋人的聯絡西蕃政策可說獲得了相當成效。

四、開拓時期

宋人為困制西夏，在以夷制夷的策略下，與吐蕃成立的聯盟關係，到神宗熙寧四年（西元 1071 年）發生了極大轉變。是年，神宗命王韶主洮河安撫使事，進取河湟。從此宋人在西北邊陲所採取的政策是以招納征略取為郡縣為主，而聯蕃制夏為輔。這種變化的關鍵，我們可從西北形勢與北宋政情的變更得到解釋。西夏自元昊死後，諒祚繼立，國勢仍強，一面東敗契丹的進攻，與宋時起邊界磨擦；一面實力經營甘隴河湟地區。仁宗末年，侵居古渭州（甘肅隴西）[115]。英宗即位，不遣賀使，屢次寇邊[116]。時據有河州的木征陰附西夏[117]，而董氈與族弟董裕不和；

---

[114] 參見宋史吐蕃傳，頁十三—十四。宋會要蕃夷部卷六，吐蕃條頁五—六。及西夏紀卷十二，頁十二至卷十三，頁十九。

董裕往據武勝（甘肅狄道），立文法，引西夏為援，求與聯姻⑮，夏人遂兵擊董氈，侵迫親宋諸蕃⑯。武勝、古渭正扼宋、蕃交通要衝。顯然，西夏藉力敗契丹之餘威，伸展其勢力於北宋吐蕃之間的地區。如任其發展，不但宋蕃聯繫有遭切斷的危險；而且散弱的吐蕃也可能繼河西之後，為夏人所席捲。如此，宋朝所受威脅將更為嚴重。為防患未然，先行略地據為己有，自是不失為良途。因此，有志西邊的王韶向神宗上平戎三策，分析說：

　　　西夏可取，欲取西夏，當先復河湟，則夏人有腹背受敵之憂。夏人比年攻青唐不得克，萬一克之，必併兵南向。……盡服南山生羌，西築武勝，遣兵時掠洮河，則隴蜀諸郡皆驚擾，瞎征兄弟其能自保邪？今唃氏子孫唯董氈粗能自立，……其勢豈能與西人抗哉。武威之南至于洮河蘭鄯皆故漢郡縣，……幸今諸羌瓜分莫相統一，此正可並合而兼撫之時也。諸種既服，唃氏敢不歸，唃氏既歸，則河西李氏在吾掌中矣，……且使夏人無所連結，策之上也⑳。

⑮長編卷一九七頁六，嘉祐七年七月癸未條。
⑯詳見宋史夏國傳二十二。
⑰西夏書事卷二十一，頁七，治平三年十二月條。
⑱樂全集卷二十二，頁二十一：
　起文法「蓋施設號令統眾之意」。
　又宋史卷二五八曹瑋傳，頁十：
　西羌將舉事，必先定約束，號為立文法。
⑲長編卷一九九，頁六；及西夏書事卷二十一，頁九，治平四年正月條。
⑳宋史卷三二八，王韶傳頁十八。

　　王韶這種策略，明顯的，是把西北通盤考慮。其規復河湟，目的首在避免散弱的吐蕃為西夏所併，擾及隴蜀；從而取得地利，以達成夾擊西夏，消除宿患的最終目標。但這種進取方略在持重因循的邊帥與朝臣看來，不啻大膽生事，故群起反對。邊帥李師中、竇舜卿以及察核此事的王克臣、李若愚皆不以為然。御史薛昌朝更責韶：「妄進狂謀，邀功生事」[121]。然而當時神宗英年氣銳，憤百年之不振，在用王安石厲行新法，圖致富強，起敝振衰的新作風下，對西夏雄據西北，以宋為敵的情況久感不滿[122]。因而對王韶綏復河隴再圖西夏之策，頗為讚賞，故召問方略。而王安石更「請以韶管幹秦鳳經略。」[123]於是王韶膺洮河安撫使重任，推行「奇策」。持反對態度的李師中、竇舜卿均遭謫徙。

　　王韶既任西事，首先招降青唐大酋俞龍珂，升古渭砦為通遠軍，進破武勝諸酋，建為鎮洮軍，又改為熙州（甘肅臨洮）。繼破大酋木征，復河（臨夏）、洮（臨潭西南）、岷（岷縣）諸州。熙寧七年，木征窮蹙投降。三年之間，計獲四州一軍。建為熙河路。西至黃河與董氈相接，北鄰蘭州，南通巴蜀，今甘肅西南之地，悉為宋有。神宗臨朝受賀[124]。

---

[121] 長編卷二一六，頁十，熙寧三年十月己卯條。

[122] 神宗初立，即用种諤之謀，奪取綏州（宋史卷十四，神字本紀一，頁一），一反過去保守態度。王安石也認為「今陝西一路即戶口可敵一夏國，又以天下財力助之，其勢欲掃除，亦宜甚易」（長編卷二三二，頁五）。神宗更表示「作事固有次第，且當並力西事」。（長編卷二四四，頁十二）可見宋變法宗旨所在。

[123] 陳邦瞻，宋史紀事本末（臺北三民書局），卷四十一，頁三一八。

　　宋取河隴，固然闢地千里，但湟水地區諸羌受了宋進拓的威逼，紛紛自危，西夏乘機爭取。熙寧五年，西夏國母梁氏請以女歸董氈子，董氈許之⑭。於是吐蕃轉親夏國自固，對宋亦不復效順。三朝盟好，頓告解體。熙寧七年以後，其將結鬼章連年進寇，宋將景思立戰死，熙河大擾，宋廷為之旰食，幾乎放棄熙河⑮。

　　進拓河隴，本為背擊西夏的張本，但對西夏的經營未及展開，而邈川已叛，與西夏相結為患，宋廷多一外敵，這種形勢自非宋廷所願。乃命邊臣重新招納⑯。至熙寧十年，鬼章驅誘諸羌圍岷州，种諤渡洮水大破之，陣斬悍酋冷雞朴，董氈始遣首領入貢謝罪⑰。神宗為撫寧西邊，授鬼章為刺史，進董氈為西平節度使，「檢校太傅」，賜號「推誠順化功臣」，所部諸酋皆厚加賞賜。董氈恢復舊俸，並歲增大綵四百疋，角茶、散茶各二百斤。可見宋廷撫納之殷切。宋蕃之間，中斷五年的聯盟關係暫告恢復。此後董氈頻年貢奉，宋廷為專力西夏，亦不吝財貨、榮爵，累加優賜，故宋蕃關係再度親密⑱。

　　河隴既得，董氈恭順，王韶所謂西夏可取的條件已略具備。元豐四年（西元1081年），適西夏內亂，七月，神宗命李憲等五

---

⑭長編卷二四七，頁十四，熙寧六年十月辛巳條。

⑮長編卷二三三，頁六，熙寧五年五月丁亥條。

⑯長編卷二五〇，頁十六，熙寧七年二月甲申條。及楊仲良，長編紀事本末，卷八十五，頁十。宋會要兵部卷九，討叛條頁一。

⑰宋史吐蕃傳，頁十五。

⑱宋會要兵部卷九，討叛條，頁一。

⑲詳見上書蕃夷部卷六，頁十四一十五。

路出師，進討西夏，並詔令董氈東向會攻。結果高遵裕、劉昌祚
兵潰靈州，王中正、种諤無功而還，喪師累累；李憲從熙河進
軍，是所謂背擊西夏的奇兵，亦未至興靈，僅復蘭州。董氈則失
期未達。故宋人由河湟取西夏的策略可說落空。但宋蕃間密切聯
合的局勢對西夏仍是一個重大的威脅，為免兩面受敵，夏人當然
必須力爭河皇之地。元豐四年，夏軍曾攻邈川，以報復董氈之附
宋，卻為董氈養子阿里骨所敗[130]。夏人武力脅制董氈不成，遂遣
使以割地為條件，賄誘董氈；謂如肯附夏，「官爵恩好唯所
欲」；董氈仍拒之[131]。時宋再議西討，夏人為防吐蕃夾擊，又挽
請契丹兩度遣使同往青唐，勸蕃合作，共同對宋，依然不得要領
[132]。甚至當夏人圍陷永樂時，董氈還乘虛攻入夏境，破斫龍城
[133]。元豐七年，夏軍數十萬犯蘭州，阿里骨亦應詔渡河牽制[134]。
此時的董氈可謂態度堅決親宋，連神宗也覺「其情忠智兼盡」，
「中國食祿士大夫存心公家者，不過如此。」[135]而遼夏、宋蕃兩
條陣線儼然壁壘分明矣。當然，宋廷為維繫西蕃的向心力，也做
了很大努力，元豐五年四月，命西帥李憲遣人「令董戩（氈）勿
聽契丹言，與夏國和」[136]。六年八月，聞遼使再到青唐，又命李
憲選使開諭董戩、鄂特凌古（阿里骨），以「契丹與總噶爾（宗

[130]長編卷三一四，頁十一，元豐四年七月，庚戌。
[131]宋史吐蕃傳，頁十五。
[132]長編卷三二五頁七，元豐五年四月丙寅條及頁八，己巳條；及卷三三
　　八，頁二，元豐六年八月己卯條。
[133]長編卷三三一，頁一，元豐五年十一月戊寅。
[134]宋史卷四六七，李憲傳頁九。
[135]宋會要蕃夷部卷六，吐蕃條頁十八。
[136]長編卷三二五，頁七，元豐五年四月丙寅。

哥）相去極遠，利害不能相及，令監（堅）守前後邀約，協力出兵，攻討西賊」⑬ 顯然，西蕃已成宋、遼、夏三方面爭取的對象，董氈帳中，國際使節穿梭絡繹。偏處一隅的青唐蕃部，地位變得如此重要，宋夏衝突實是其關鍵。但吸引董氈親向宋朝的動力，似主要仍是經濟利益。吐蕃附宋，宋即允許貿易並厚予賞賜，如元豐二年，神宗召告其使：「可數遣人來，任便交易」⑬。又為酬董氈助討之功，元豐五年，進封其為武威郡王，賜金帶、銀器二千兩，絹三千疋。每年歲賜增大綵五百疋，角茶五百斤。連原有月俸，歲贈累計，年達茶綵各千餘疋斤。養子阿里骨，豪酋鬼章、心牟欽氈、李池臘欽皆授團練使、刺史，恩賜有差。其他首領受都軍主、副都軍主職號、歲領茶綵者又數十人。每有攻戰，累加錫賜⑭。在如此重大經濟利益下，吐蕃何能不親宋。故董氈拒絕遼使勸誘時，曾說：「荷宋厚恩，義不敢負。」⑭ 這顯示宋廷財貨外交的成功，也說明宋人把握了手工農業區與畜牧部族關係的特性。而且這與真宗以來，以歲幣歲賜政策之對遼夏幾乎相同，所不同的是對遼夏的贈與是被動的，其目的在維持和平，避免戰爭。對西蕃的恩賜是主動的，著眼在制衡西夏。早期神宗的厚賂西蕃，目的較為消極，意在防止蕃夏相結，他曾說「知邈川事力固不足與夏人抗，但欲解散其謀，使不與結和而已。」⑭ 日後由於宋夏相爭激烈，遂仍欲以聯蕃制夏。如元豐四年宋伐夏，其指示統帥李憲說：「候董氈人馬交鋒，夏人有退敗

⑬上書卷三三八，頁二，元豐六年八月己卯條。
⑬宋會要蕃夷部卷六，頁十五。
⑬詳見上書同卷頁十七一十九。
⑭西夏書事卷二十六，頁四，元豐五年四月條。
⑭宋史吐蕃傳，頁十六。

之勢，見隙可乘，相度機便，與本路諸將出界，共力殺逐。」⑫
七年，夏人大犯蘭州，又命李憲「檄董氈、鄂特凌古出兵腹背攻
討。」⑬可知神宗時代的厚賂西蕃，其本意是不純以消極的防止
夏蕃相結為滿足的。

從另一方面言，宋熙寧年間的開拓政策亦非僅以得熙河一路
為最終目的。所以元豐年間伐夏，令董氈會攻時，神宗曾諭李憲
說：如董氈「敢渝前請，猶豫不肯如期出兵，致誤朝廷，虛有調
發，即相度機宜，移兵討除。」⑭又長編引神宗舊錄云：

> 始董氈以果莊（鬼章）為將，鄂特凌古為相，倚二人
> 為重。……及氈病革，先帝（神宗）欲俟其亡，委莊圖
> 之，盡取其地，未及施行⑮。

可見神宗的本意在湟（邈川）鄯（青唐）並取。但日後因伐
夏失敗，永樂城陷，神宗又英年崩逝，新政推翻，舊黨用事。西
北邊陲政策由攻略進討改為持重安撫，於是一切均談不到了。及
元祐八年（西元1093年），太皇太后高氏卒，哲宗親政，新黨再
起，西北邊陲規復進取的政策乃舊事重拆。元符二年（西元
1099年）宋對夏戰事在遼的斡旋及西夏退讓下，罷兵為和⑯。時
西蕃董氈、阿里骨皆死，瞎征繼為河西節度使，寧塞郡公，與強

---

⑫長編卷三一三，頁十，元豐四年六月辛巳條。
⑬上書卷三四二，頁二，元豐七年正月丁未條。
⑭長編卷三一三，元豐四年六月辛巳條。
⑮同上書卷四〇四，頁二十，元祐二年八月戊申條引。
⑯宋史吐蕃傳，頁十七。

豪溪巴溫不和，互相攻伐。宋洮西安撫使王瞻遂密畫取吐蕃之
策，上之於朝。宰相章惇正是新黨大魁，讚成其議。是年七月，
王瞻兵入邈川，繼取青唐。瞎征及木征子龍栱皆降。以邈川為
湟州，青唐為鄯州，仍屬熙河路。神宗時代的開拓政策總算約略
達成。惜次年哲宗崩，向太后聽政，舊黨當權，以蕃情不順，湟
鄯難守，復撤棄兩地。命龍栱為河西節度使、武威郡公，居鄯
州以統之。但及徽宗親政，蔡京為相，日以興復熙寧元豐之政為
事。故於崇寧二年（西元 1103 年），復命王厚，童貫經略吐蕃。
分兵並進，先後收復湟鄯、溪巴溫遁走、龍栱出降。至此，唃
廝囉之地悉夷為宋的郡縣，而王韶的主張已實現其半[47]。

　　神宗時代的開拓政策原是以制西夏為目的。經熙寧、元符、
崇寧三度實力經營，河湟地區（今甘青邊區之河、洮、湟水谷地）
雖終盡為宋有，但其根本制取西夏的目的並未達成。元豐伐夏固
然失敗，哲、徽兩朝對夏的用兵，亦因契丹的壓力，未竟其功。
反而西北邊陲的拓土，卻促成夏、蕃利害一致，使吐蕃強族多棄
宋轉與西夏相結，共為邊患，以謀恢復故土。如元祐二年，阿里
骨曾聯夏攻宋，相約事成後吐蕃取其故土，熙、河、岷三州；夏
則得蘭州地。夏蕃聯兵入寇，殺宋將吳猛，進圍河州[48]，幸种誼
督兵赴援，擊擒鬼章，阿里骨乞降，其謀未能得逞[49]。及元符二
年，宋取邈川、青唐，溪巴溫更請援於夏，夏兵十萬助攻湟州

[47] 詳見宋會要，兵部卷九，討叛條，頁一一五。
[48] 右書卷四〇〇，頁五，元祐二年五月癸丑條。
[49] 右書卷四〇四，元祐二年八月戊戌條。及宋會要兵部卷九，討叛條頁
　　一。又种宜擒鬼章（長編作果莊），戲問曰：「別後安否」。鬼章曰：
　　「天不使我復故土也。」

[150]。加以王贍在鄯州縱所部剽掠，羌眾攜式。贍採高壓政策，斬城中諸羌，「積級如山」，蕃落蠡起叛宋[151]，宋軍被迫暫時撤棄湟鄯。崇寧四年，蕃酋溪賒羅撒及多羅巴復與西夏合兵，逼宣威城，殺知鄯州高永年，並「探其心肝食之，曰：此人奪我國，使我宗族漂落無處，不可不殺也。」[152]足見蕃民因宋侵佔其國土啣恨之深。西蕃既為宋敵，宋廷不但加重了防衛的負擔就是經略西夏，也有西蕃乘機進犯的顧忌。元符間，章惇欲築城天都山（甘肅固原西北），逼取興靈，曾布即以西蕃若有警，「無以枝梧」，力駁其議[153]。既取青唐，時章惇又欲乘勝進滅西夏，朝廷也以「士卒困敝日甚。」[154]打消此議。故由於西蕃與宋失和，結夏為寇，河湟之地原取之欲以制西夏，今反而因防衛，成為宋人大負擔，削弱了對夏的力量，此實始料所未及。

　　另外，為經營河湟，宋之財政亦不堪負累。王韶開熙河，歲費四百萬緡，而當地收入，至元豐年間，不過六十餘萬[155]。其絕大多數款須靠內地挹注。故富弼說：「費耗財用，莫知紀極」，「官私俱困，得之何用。」[156]元祐時，更有「貧天下之力以奉熙河一路」之論。[157]及取有湟鄯，耗用之大，又不止倍蓰。崇寧五年，趙挺之報告稱，每歲須朝廷供億一五百餘萬[158]。至政和時，

---

[150] 西夏書事卷三十一，頁八，元符二年八月條，及頁十閏九月條。
[151] 宋史紀事本末卷四十一，頁三二一。
[152] 宋史卷四五三，高永年傳，頁二。
[153] 長編卷五〇〇，頁十一，元符元年七月甲子條。
[154] 上書卷五一七，頁六，元符二年十月丙辰條。
[155] 上書卷二五三，頁五，熙寧七年，五月甲辰條；及卷三〇二，頁二，元豐三年正月乙亥條。
[156] 上書卷二七六，頁十六，熙寧九年六月。
[157] 上書卷五一四，頁五，元符元年八月己卯條。

連宋廷也覺太不值，下詔曰：

> 熙河鄯湟自開拓以來，疆土雖廣，而地利悉歸屬羌，
> 官兵吏祿仰給縣官，不可為後法。仰本路帥臣相度以錢銀
> 茶綵，或以羌人所嗜之物與之貿易[159]。

及宋室南渡，金人陷陝，宋軍被迫南撤，熙河帥遂棄河湟地予青唐舊族[160]。至此，數十年開拓，竟化烏有。總計河湟之地列宋版圖，前後不過二十餘年。

再則，自宋拓土河湟，宋蕃關係惡化後，陝西馬源大受影響。元豐五年，提舉陝西買馬司已言：「闕馬甚多」。七年，買馬官因購馬不能足額，遭受處分；至宣和年間，陝西每年僅能購得馬一萬一千六百餘匹，甚至其中多數為內屬蕃部馬[161]。較真宗時因馬太多至下詔予以約束[162]，已不可同日而語。買馬量減少，直接影響戰馬的供應。元豐六年，熙河路報告闕馬嚴重，請撥五千匹，結果僅得一千九百餘匹[163]。甚至次年諸路奏陳「皆以闕馬為言」[164]。徽宗以後，情況益為惡化。政和八年，環慶路言：「諸將闕少騎兵，深恐緩急，步卒難以倚仗」；而河北要衝之地

---

[158] 宋史卷一九〇，兵志鄉兵條，頁十三。
[159] 宋會要方域部卷六，頁二，政和七年三月二十三日條。
[160] 東都事略卷一二九，頁五。
[161] 宋會要，兵部卷二十二，頁八、九、十三；並參見宋史卷一九八兵志，馬政條。
[162] 長編卷六十四，頁九，景德二年十一月壬子。
[163] 長編卷三三八，頁十六，元豐六年八月庚子條。
[164] 上書卷三四八，頁五，元豐七年八月丙子條。

高陽關，竟缺馬達五千餘匹[165]。其他可見一斑。戰馬為騎兵戰力的憑藉，河北千里平原，最利騎兵馳騁。宋軍戰馬缺少，機動力薄弱。金兵南下，宋軍不能與之在河北一戰，或亦與此有關。故南宋初年，高宗曾慨言大觀宣和間，「馬政廢缺，武備不修，致胡虜亂華，危弱之甚」[166]。宋開河湟，昔日素為史家所非議，甚至有河湟復，北宋亡之說[167]。綜觀上述分析，可了解其說未始無因也。

五、宗蕃關係與中西交通

北宋初期，西北安定，中原與西域往來，大多取道靈夏。如

宋史天竺傳載：

> 雍熙中，衛州僧辭澣自西域還，……又有婆羅門僧永世與波斯外道阿里烟同至京師。永世自云：本國名利得，……其國東行經六月至大食國，又二月至西州，又三月至夏州[168]。

當時由宋西行，出靈夏後，其途徑大致如王延德使高昌所採

---

[165] 參見宋會要兵部卷二十四，馬政，雜錄條頁三十一一三十一。

[166] 上書蕃夷部卷四，頁九三。

[167] 參見馬端臨，文獻通考，卷三三五，引「四朝國史論」。及王夫之，宋論卷六。

[168] 宋史卷四九〇，天竺傳，頁三一四。

取者：

> 初至夏州，歷玉亭鎮，……至都囉囉族，漢使過者遺
> 以財貨，謂之打當。次歷茅女喝子族，族臨黃河，以羊皮
> 為囊，吹氣實之，浮於水；或以橐駝牽木柸而渡。次歷
> 茅女王子開道族，行入六窠沙，沙深三尺，馬不能行。…
> …行沙磧中，以日為占，旦則背日，暮則向日，日中則
> 止。……次歷格羅美源，西方百川所會，據望無際，鷗鷺
> 鳧雁之類甚眾。……次歷伊州⑯。

　　由文中所云有漢使「打當」的慣例，及「開道族」之稱號，
可知此路應是行旅通行的大道。至於「格羅美源，百川所會」，
似應為今寧夏西北，額濟納河注入居延海附近的寫照。大體而
言，王延德所取的路線，是由陝北出塞，西渡黃河，橫越沙漠，
經額濟納河，趨伊州（哈密），往高昌。另據天竺傳云：

> （乾德）四年，僧行勤等一百五十七人詣闕上言願至
> 西域求佛書，許之。以其所歷甘、沙、伊、肅等州，焉
> 耆、龜茲、于闐、割祿等國，……並詔諭其國，令人引導
> 之⑰。

　　則行勤所取路線乃經由河西走廊，與王延德採取的路線不
同。由這兩種不同路線，可知當時宋往西域大道有二：北路橫越
今寧夏北部經居延海入新疆。南路則取道甘州（張掖）、肅州

---

⑯上書同卷，高昌傳，頁八一九。
⑰上書同卷，天竺傳，頁一。

（酒泉），沙州（敦煌），而入新疆。兩路均是以夏州為門戶。

太宗雍熙二年以後，李繼遷勢力漸大，叛亂時起，陝北不靖，於是以靈夏為門戶的中西通道梗阻不靖，貢使常為繼遷所掠⑪。大食本常由陸路來貢⑫，淳化中，即因靈武受困，宋廷詔令是後由海道來⑬。事實上，直迄至道三年（西元997年），中西陸路交通幾已斷絕；十餘年間，西北僅有回鶻入貢三次，韃靼一次，新疆地區諸國使節完全絕跡。與太平興國年間平均年得貢使一次以上之情形恰成明顯之對比：

太宗真宗時期西北諸部朝貢表

西元	宋紀年	入貢藩部或國家	備註
976年	太宗太平興國元年	甘州回鶻、沙州	
977年	二年	大食	
978年	三年		
979年	四年		高梁河之役
980年	五年	甘州、沙州	

由上表可見雍熙二年至至道三年，十餘年間，貢使極稀。而

---

⑪上書卷二七九，周仁美傳頁二十一云：
　先是諸蕃每貢馬京師，為繼遷邀擊，仁美領騎士為援，敵不敢犯。
　又宋會要，方域部卷二十一頁十五：
　（淳化二年）吐蕃賣馬還過靈州，為黨項所略。
⑫長編卷九，頁十三云：
　（開寶元年）先是僧行勤遊西域，上因賜大食國王書以招懷之，十二月乙丑，遣使來貢方物。
⑬蔡條，鐵圍山叢談卷六（見學海類編）。頁四：
　太宗時，靈武受圍，因詔西域若大食諸使是後可由海道來。

981 年	六年	高昌、韃靼	
982 年	七年	豐州	李繼遷叛宋
983 年	八年	吐蕃戎人、沙州	
984 年	雍熙元年	高昌、波斯、婆羅門、西州回鶻	
985 年	二年		
986 年	三年		岐溝關之役
987 年	四年	合羅川回鶻	
988 年	端拱元年	賀蘭山回鶻	
989 年	二年		
990 年	淳化元年		
991 年	二年		
992 年	三年		
993 年	四年		
994 年	五年		
995 年	至道元年	涼州吐蕃	
996 年	二年	甘州回鶻、韃靼	宋討李繼遷無功
997 年	三年		宋太宗崩、真宗即位
998 年	真宗咸平元年	甘州、西涼	
999 年	二年	沙州、西涼、豐州	
1000 年	三年		

1001 年	四年	甘州回鶻、龜茲、西涼	宋命潘羅支為防禦使共討繼遷
1002 年	五年	沙州、西涼	李繼遷陷靈州
1003 年	六年	西涼	李繼遷敗死，子德明立
1004 年	景德元年	西涼、龜茲、沙州、西涼、甘州	澶淵之盟
1005 年	二年	西涼	
1006 年	三年	西涼	德明納款
1007 年	四年	沙州、甘州、西涼	
1008 年	大中祥符元年	甘州、甘州、甘州、宗哥、西涼	
1009 年	二年	西涼、于闐、西涼	
1010 年	三年	龜茲、甘州回鶻	（下略）[170]

真宗咸平以後，突告改觀，貢使絡繹於途。這種現象的造成，在於此時期內，北宋與西涼吐蕃建立了密切的友好關係，甚至有共同對夏的聯合軍事行動；故在吐蕃的護導下，西北諸部得經由西涼，再通於中國。因此這時期伴隨諸國入宋的是西涼，其進貢頻頻。但景德三年，宋夏和議成立以後，夏人對這富於水草又為中西商道的河西走廊也亟謀控制，屢次攻擊。如景德四年，西涼六

[170] 本表採據藤枝晃、《李繼遷興起與東西交通》之附表，文見〈羽田亨博士紀念東洋史論叢〉，一九五〇年，東洋史研究會出版。並參酌宋會要蕃夷部卷七，歷代朝貢；及宋史卷四八七，太宗、真宗本紀；卷四八九一四九一，有關各外國傳；玉海卷一五三一一五四所載。

谷蕃部上言「為德明所侵略，無寧日」⑩；大中祥符年間，西夏更頻侵甘州回鶻及西涼蕃部西夏⑩。所以在這一時期中，甘涼道上並不平靜。回鶻入貢，必須南迴湟水流域，假道新興的吐蕃強部宗哥族境。長編曾記載稱：

> 初甘州回鶻國可汗王伊嚕格勒數與夏州接戰，其貢奉多為夏州抄掠。及總噶爾（宗哥）族感悅朝廷恩化，乃遣人援送其使，故頻年得至京師。既而嘉勒斯賚欲娶可汗女而無聘財，可汗不許，因為仇敵。……秦州遣……楊知進、譯者郭敏送進奉使……還甘州，會總噶爾怨隙阻歸路，遂留知進不敢遣，於是敏得先歸。可汗王伊嚕格勒上表言：巴烏公主病死，以西涼人蘇守信劫亂，日與交鬥，不時奏聞。……仍乞慰諭總噶爾，使開朝貢之路。蘇守信者，夏州所遣，領兵七千，馬五千，戌西涼者，故伊嚕格勒奏及之⑰。

由此文可知自西夏勢力介入河西後，中西交通再受阻擾。但及吐蕃宗哥族興起，態度親宋，遂成為北宋對西北連絡的中途站。而回鶻諸部入宋通貢必經宗哥族所據之地，受其顏色。其首豪竟因不得娶回鶻可汗女為妻，而阻絕通路，致有賴於宋方慰諭「使開朝貢之路。」故宋復命郭進於次年出使西蕃，賜詔開諭

---

⑩長編卷六十五，頁六，景德四年三月癸丑條。
⑩詳見西夏紀卷五，頁二一十二。
⑰長編卷八十五，頁十五，大中祥符八年九月丙子條。

⑰。旋授宗哥權僧李遵為保順軍節度使籠絡之。仁宗初，更以其
酋唃廝囉為寧遠大將軍，愛州團練使，優禮有加。此時宗哥族已
取代了殘破的西涼六谷蕃部，成為宋代的西北盟邦（已見第二
節）。同時回鶻也於大中祥符九年，與唃廝囉和親，改善了關係
⑲。方使繞避西夏的中西交通新路線得以暢通無阻。另一方面，
西夏元昊於天聖六年（西元1028年）破甘州回鶻，取西涼，降
瓜、沙、肅三州，於是河西走廊完全落入西夏掌握。過往客旅，
時受其擾。景祐（西元1034-1037年）時，天竺僧過夏州，「元
昊留于驛舍，求貝葉梵經不得，羈之，由是西域貢僧遂絕。」⑳
而對行旅的徵取苛索，商人更以為苦，松漠記聞云：

> 回鶻自唐末浸微，……甘、涼、瓜、沙，舊皆有族
> 帳，後悉羈縻於西夏，唯居四郡外地者，頗自為國，有君
> 長。……多為商賈於燕，過夏地，夏人率十而指一，必得
> 其最上品者。賈人苦之，後以物美惡雜貯毛連中，然所征
> 亦不貲㉑。

西夏既對河西過境商旅作有計劃的征斂，政治上，夏人又常
與宋軍事對立，時起衝突，邊境不寧，故行旅每視經河西東來為
畏途，乃改道從親宋的唃廝囉轄境東來。因而河湟成中西通路上
的大站。不但提高了其政治重要性，而且唃廝囉駐蹕的鄯州且成

⑰宋會要蕃夷部卷四，頁七。
⑲上書同卷，頁五，回鶻的報告。
⑳西書事卷十二，頁四，景祐三年四月條。
㉑洪皓，松漠記聞，卷上頁三。

西北各國商旅輻輳的貿易中心。青唐吐蕃即以此富強。宋史吐蕃
傳載：

> 厮囉居鄯州，西有臨谷城，通青海，高昌諸國商人皆
> 趨鄯州貿賣，以故富強[182]。青唐蕃部既因中西商道南移的
> 關係，而獲貿易之利，對宋入貢又獲邊州貿易與賞賜之
> 利。在這種雙重經濟利益下，我們可以了解為何唃厮囉堅
> 拒西夏威誘，始終保持親宋態度。至於宋朝方面，這條通
> 路也是連絡西北諸部的憑藉。除前述郭敏使回，取道青唐
> 之外。神宗時，為謀夾擊西夏，亦嘗委熙河帥李憲遣人假
> 道董氈使韃靼[183]。元祐時，章楶亦曾有同樣建議，請「於
> 河東或邈川界求間道，遣使至塔坦，陳述大宋威德。因以
> 金帛爵命撫之，使出兵攻擾夏國」[184]。由於西蕃變成為宋
> 與西域間的重要中途站，故宋有時亦利用其商旅輻輳的形
> 勢，賄賂蕃部，收集情報，作為處理西事的參考。如慶曆
> 七年，知秦州梁適請「差人賫齎信物」，以存撫唃厮囉為
> 名，「因便令體量探事宜」[185]。紹聖四年，安師文也因邈
> 川等處「日有博易，人情狎熟，乞委熙河經略司差諳曉蕃
> 情使臣，告諭邈川首領及蕃商等，如能誘引夏人歸順，每

[182] 宋會要，蕃夷部卷六，頁十五，神宗謂董氈云：
今已許汝納款，此後可數遣人來，任便交易。
可見蕃商平時是常入宋界貿易的。
[183] 長編卷三三五，頁一，元豐六年五月丙子條。
[184] 長編卷四七一，元祐七年三月丙戌條。
[185] 宋會要蕃夷部卷六，頁三。

　　名優給茶綵，如此則（西夏）右廂之人必由吐蕃而至者甚
　　眾。」[186]

　　青唐這種中西商道的中間地位歷經唃廝囉、董氈、阿里骨三代皆然。如元豐四年十月，拂菻國來貢，其大首領你廝都令廝孟利報告行程云：

　　　其國……又東至西大石及于闐王所居新福州，次至約
　　昌城，乃于闐界。……又至董氈所居，次至林擒城，又東
　　至青唐，乃至中國界[187]。

　　又元豐六年五月，于闐貢方物，長編云：

　　　見於延和殿，上問曰：離本國幾何時。曰：四年。在
　　道幾何時。曰：二年。經涉何國。曰：道由黃頭回鶻，草
　　頭韃靼、董氈（氈）等國。又問留董氈幾何時。曰：一年
　　[188]。

　　其中約昌城，日人桑田六郎考訂為羅布泊附近的鄯善，黃頭回鶻則在沙州附近。故而這條交通路線應是從羅布泊附近穿越山口，入今青海省境，經柴達木盆地與青海湖岸到達青唐蕃部所在的湟水流域[189]。再進入宋境。

────────────

[186] 上書同卷頁三十一。
[187] 上書蕃夷部卷四，頁十九，拂菻條。
[188] 長編卷三三五，頁一，元豐六年五月丙子條。

　　既然中西通商要路一再西南遷移，以避西夏的苛擾征歛。因
而位處衝要的秦州（甘肅天水）也完全取代淪於西夏的夏州地
位，成為宋代交往西北各部的樞紐，與外商貢奉進出中原的門
戶。如宋會要：

　　　　（真宗大中祥符）九年五月，秦州言：奉職楊知進自
　　甘州回[190]。

　　又：

　　　　（天禧）元年四月，知秦州曹瑋請自今甘州進奉人
　　回，止於秦州選牙校同共齎送國信物往彼，不煩朝廷遣使
　　伴送。……（四年三月）二十一日，今甘州回紇（鶻）進
　　奉並於秦州路出入[191]。

　　另外，宋史于闐傳也有澶州卒王貴於天禧初，欲往于闐，
「至秦州，以道遠悔懼」[192]的記載。類此，皆說明秦州已成宋代
時經略西北與連絡諸部的樞紐。

　　秦州之外，熙寧年間綏復的熙州，因地臨洮湟，接近青唐，
也成為邊境出入與外商輻集的要地。元豐四年，于闐入貢，即由
董氈遣使導至熙州[193]。元祐以後，拂菻、邈黎、大食、龜茲皆來

<hr>

[189]桑田六郎「回紇衰亡考」東洋學報十七卷一號。
[190]宋會要蕃夷部卷四，回鶻條，頁六。
[191]上書同卷頁八。
[192]宋史卷四九〇，于闐傳，頁六。

貿易；尤其于闐貢奉，次數既多，規模也大。宋廷以其「貢奉般次踵至，有司憚於貢賚」，曾令熙州「限二歲一進」。有些商客因而羈滯邊城，等候進京；後因知秦州游師雄反對，認為「非所以來遠人也。」[103]宋廷方折衷改為入京者二年一次。在熙秦貿易者不在此限[105]。

交通貿易須以安定的政治環境為基礎，徽宗崇寧二年（西元1103年），宋對青唐用兵，進取湟鄯，摧破諸羌，夷為郡縣，戰亂疊起，青唐殘破，貢商裹足。宣和元年（西元1119年），雖明示「西垂之人，世為中國之輔」，特詔罷兵，「欲民休息」[106]。但繁盛一時的青唐商路卻已從此衰落。自崇寧三年，迄徽宗末年（西元1125年），二十餘年間，西北諸國入貢，史料有稽者，僅于闐入宋數次，點綴其間而已[107]。

六、結論

如前所述，北宋對吐蕃的政策略可分為三個段落。太祖、太宗時期，初以削平群雄為務，繼而伐遼受挫，與契丹長期衝突。加以李繼遷叛走，騷擾陝右。致使宋廷軍事負擔沉重，遂對吐蕃

---

[103] 上書同卷頁七。

[104] 宋史卷三三二，游師雄傳頁十八。及卷四九〇于闐傳，頁七；又同卷頁二十一，龜滋傳。

[105] 宋會要蕃夷部卷七，歷代朝貢條，頁四十二。

[106] 詳見上書兵部卷九，討叛條，頁一。

[107] 此據宋會要蕃夷部卷七，歷代朝貢條；及宋史卷十九－二十二，徽宗本紀；玉海卷一五三至一五四朝貢條所載而論。

（原刊師大歷史學報第四期，中華民國六十五年四月）

採撫綏羈縻之策，冀能專力安內攘外。真宗以後，則西夏建國，倔強西北，宋無力制服，乃希望藉吐蕃的力量挾制夏人。吐蕃則因西夏阻斷貢馬，妨礙其經濟利益，加以夏人向河西拓展，遂使吐蕃大受威脅，傾心于宋。故宋蕃之間有共同對夏的軍事協議。歷經潘羅支、廝鐸督、唃廝囉、董氈，在宋廷榮爵與財貨籠絡下，吐蕃頗恭順效力。但宋廷之聯蕃制夏，在態度上卻利用的成分多於合作的誠意。一切以制衡為準則，既不希望西夏為吐蕃所取代，亦不希望吐蕃為西夏所併吞。因之，宋廷以夷制夷策略的成效僅及於使繼遷敗死西涼，德明就撫，及以唃廝囉牽制西夏，抑制了元昊的部分野心。並未能予西夏致命打擊。神宗繼位，變法圖強，欲從根本上解決西夏問題，故用王韶開邊，拓取熙河；元符以後，更有河湟之役。吐蕃河湟之地，漸次夷為郡縣。但對夏之戰，元豐兵潰靈州，哲徽兩朝之撻伐，亦因遼人斡旋，未成大功。而河湟羌情未附，聯夏寇擾，宋勞師遠戍，供億耗繁，陝隴疲敝。同時吐蕃殘破，馬源大減，國馬不充，影響了宋軍的戰鬥力。

　　要之，宋廷的吐蕃政策視對夏態度的變動而轉移。西夏強大，則宋方因資吐蕃牽制之力，故優體籠絡，充分表現以夷制夷的意圖與財貨外交的特徵；及宋以西夏可取，而散弱的吐蕃有「背擊」靈夏的地利，於是吐蕃竟成為宋廷首先攫取的目標；宋與吐蕃的關係因而大惡，反促成吐蕃與西夏相聯結，使西北邊事仍烽火連年，不得解決。而西北邊陲的政策也成新舊黨爭的焦點，在進取與綏靖間反覆徘徊。

　　其次，在李繼遷未叛以前，靈夏本為中原出入西北的門戶，河西走廊及今寧夏北境則是客旅經行的坦途。但繼遷叛後，陝隴

不靖，中西通路受阻，西域諸國與中國的交通斷絕。而聯蕃制夏
的外交卻直接促成中西交通路線的重開，也使吐蕃成為此一交通
線的中途站。及西涼落入西夏掌握，中西交通路線南移。河湟地
區的青唐蕃部從此成為中西商道的樞紐，四方輻輳，貿易興盛。
唃廝囉因此而富強，益增其與宋相結之心，宋亦藉此連絡西北諸
部。而對西域交通的門戶隨之南移，秦、熙兩州取代了夏州地
位，成為北宋的西北重鎮；直到宋開拓湟鄯，兵連禍結青唐衰落
為止。由此可清楚瞭解北宋對吐蕃的政策不僅影響兩方的政治與
軍事，亦且對中西交通及雙方經濟，甚至都市的興起，產生決定
性的作用。

（本文原刊於《臺灣師大歷史學報》第四期　民國六十五年五月）

德明時期（西元1004-1032年）宋夏關係析論

一、引言

　　北宋王朝建立後，在太祖君臣的經營下，已平滅各地主要割據政權；太宗繼位不久，吳越獻國，漳泉納土，進而兵滅北漢，至此趙宋王朝大致完成了中國內部的「統一大業」。但太祖、太宗兄弟的雄圖並非僅止於此，他們對傳統中原威服四夷，進而重振華夏威靈還抱有強烈的使命感，所以太祖滅南唐，強調「天下一家，臥榻之側豈容他人鼾睡」①。太宗也自言欲「踵百王之末」，「以致承平」。然而「欲申天討」②，收朔漠為版圖的伐遼戰事一再失敗，反而引發契丹反擊，兩河頻遭寇掠；另外，徵西夏李繼捧入朝獻地亦引起李繼遷的叛抗，宋軍剿撫無效，西北騷擾。

　　總之，宋朝至吞滅北漢之後，國威軍力即告衰退，對外攻勢皆告挫敗，不但重振漢唐聲望的雄圖落空，反而有西北交侵、威脅帝國生存的危機。因此，太宗末年，朝臣反戰論漸起；轉與契丹謀和；真宗繼位，更是和議盈廷；真宗亦表示「當屈節為天下

①明・陳邦瞻《宋史紀事本末》，台北三民書局，1973；卷6，頁27。
②元・脫脫等《宋史》，台北藝文印書館影印武英殿版，1962；卷491，〈渤海國傳〉，頁2。

蒼生」③。故景德元年（西元1004年）契丹大舉南下，真宗在「深念西鄙」④中，雖鼓勇禦敵，卻很快訂立歲幣買和的澶淵之盟，宋遼從此維持了百餘年的和平。

　　澶淵之盟訂後，宋朝河北解嚴；但西北方面，李繼遷叛抗二十餘年間，既復五州，又陷靈武，據朔方，勢力擴張之速，已成宋朝新的大患。幸而是年，李繼遷往攻西涼，中伏受傷去世，其子德明繼立，厭戰的宋廷乘機招納，至景德三年（西元1006年）宋夏和議亦告成立，宋封德明為西平王，給節度使俸。至此宋真宗的綏靖弭兵政策全面實現。此後宋夏和平維持到西元1038年，始因德明之子元昊稱帝而告破毀，這也是德明死後六年的事。由於元昊以後，宋夏糾紛不息，戰爭時起，因此德明在位期間是宋夏唯一長期穩定的和平時期。這大約三十年間，不但對宋帝國的文化經濟發展俾益甚大，與元昊稱帝建國基礎的奠立也有密切關係；而此問題尚未見史家深入探討，本文之作，即擬就文獻所及，於宋夏和議之背景與內容加以分析；並探究三十年間宋夏和平關係的基礎，及蘊含之問題。

二、宋夏景德和議的訂立

　　由於宋師不振，對李繼遷的叛擾無法制服，加以契丹的寇掠，宋朝面對西北交侵的威脅，故真宗繼位後，宋廷即形成與遼夏弭兵為和的西北政策。所以景德元年（西元1004年）正月李

③宋・李燾，《續資治通鑑長編》（以下簡稱長編），台北世界書局影印本，1964；卷44，頁15。
④《長編》，卷58，頁4。

繼遷死，宋廷得訊，即賜詔德明，令審圖去就⑤；鄜延鈐轄張崇貴又於三月移書夏人，「喻以朝廷恩信」⑥；四月間，更屢次奏請真宗派大臣赴邊主持議和，並於邊境預築盟台備用；可見此次和議實出宋廷主動，而張崇貴則為心切謀和積極奔走之主要人物。而宋廷顯然也急於收拾西北戰局，隨即任命兵部侍郎知永興軍向敏中為鄜延路緣邊安撫使主持其事⑦。西涼潘羅支建請宋朝出兵夾攻西夏，宋廷也回稱「繼遷已死，尚未殯葬，所以未欲討除」⑧而明示消極。

但德明對宋人的謀和反應並不積極，僅致書張崇貴，報稱繼遷未葬「難發表章，請俟釋服稟命」⑨。另一方面則迅速主動遣使告哀於契丹，旋即又專使向契丹「上繼遷遺物」⑩以示忠誠，並得到契丹專使弔慰的回報。又進而聯合親西夏的吐蕃部落，襲殺潘羅支，攻取涼州⑪；宋夏邊境也仍有小規模軍事衝突⑫。可見德明初立，仍採取親倚契丹，擴展勢力的政策。對宋朝的謀和並不積極表態。

宋夏之間，這種和戰不定的局面到景德二年夏，忽然急轉直下。德明於這年六月主動遣王旻為專使，奉表入宋「請求納款」

---

⑤戴錫章，《西夏紀》，台北華文書局影印本，1969；卷4，頁1。
⑥清‧吳廣城，《西夏書事》，台北廣文書局影印本，1967；卷8，頁3。
⑦《長編》，卷56，頁11。
⑧《宋會要》，〈方城部〉，卷21，頁19。
⑨《西夏書事》，卷8，頁3。
⑩《遼史》，〈聖宗本紀〉。
⑪《宋史》，卷192，〈吐蕃傳〉。
⑫《宋史》，〈真宗本紀〉；《長編》，卷56；《宋史》卷492，〈吐蕃傳〉；《遼史》，卷12〈聖宗本紀〉；《長編》，卷59。

⑬。宋真宗大喜,不但厚賜王旻,命專使持詔赴夏,賞給德明甚
厚;並即宣示邊境「德明歸款,河西諸蕃各守疆界」⑭。自此西
北局勢獲告緩和,轉而進行和議條件的折衝。

對於德明忽然改變態度,與宋謀求和解的原因,傳統解釋甚
為單純。司馬光〈涑水記聞〉說這是繼遷的遺命,要德明歸宋,
謂「一表不聽,則再表;雖累百表,不得請不止也」⑮。這種說
法宋代史家,《長編》作者李燾已加以質疑,認為在宋朝多方招
喻下,繼遷死後幾乎三年,夏人才受撫和談;此說顯不可靠,乃
德明託詞而已⑯。但李氏對德明受撫的原因亦未進一步解釋。大
陸研究西夏的學者李蔚認為此次宋夏和談並非偶然⑰。其原因除
宋廷決心和議外,西夏方面有三因,他同意司馬光的說法,認為
這是李繼遷死前確立的方針。其次他採《長編》所載,夏州教練
使安晏降宋,言「賊境艱窘,惟劫掠以濟」,「常不聊生」⑱。
即西夏因久戰艱困故而向宋朝求和。第三則是據宋史畢士安傳所
論,因宋遼訂立澶淵之盟,「由是西夏失牽制之謀,隨亦內附」
⑲。也就是宋遼訂和,使西夏失去聲援,如繼續對宋戰爭將陷於
孤立之境。

李氏所舉三因,司馬光之說,宋人已辨其難信,故可不論。
而夏境艱窘之說,亦不符實情。查夏州教練使安晏原為漢人,轉

⑬《宋史》,卷485,〈夏國傳上〉。
⑭《宋史》,卷7,〈真宗本紀〉。
⑮《長編》,卷56,頁11。《宋史》卷282,〈向敏中傳〉同。
⑯《長編》,卷56,頁11。
⑰李蔚,〈略論李德明〉,《西夏史研究》,寧夏人民出版社,1989。
⑱《長編》,卷55,頁11。咸平六年九月。
⑲《宋史》,卷281,〈畢士安傳〉,頁22。

而投宋，所言本難盡言，且其降宋事在真宗咸平六年（西元1003年），時李繼遷攻佔靈州（寧夏靈武），改稱西平府，建以為都。真宗為靜邊息民，又割還西夏原有之綏、宥諸州，表籠絡之意⑳。西夏此際可說兵力正盛，地盤擴張，物資條件得以改善，若確以困窘，難以聊生，繼遷何以未乘宋朝厭戰，割地籠絡的機會罷兵議和，反而遠攻西涼，惹起新的戰爭。故以西夏困窘為德明轉而和談之因，亦不可採。至於澶淵之盟的影響，則顯然是較合乎史實的推論；蓋遼聖宗大舉南攻在景德元年閏九月，而十二月，澶淵之盟訂立，遼軍撤退，德明便於次年六月主動派遣專使赴宋，請求「納款」。更值得注意的是此後邊境衝突既告停止，德明且頻頻遣使入貢於宋㉑；一反前此對宋冷淡的態度。顯然由於宋遼戰爭停止，西夏如不與宋改善關係，繼續軍事對立，宋可專力對夏，西夏既無勝利把握，且將陷於孤立的不利情勢；與宋訂和，不但能解除困境；而且可從容消化新得之地，並爭取優惠條件，取得經濟利益。

但欲理解德明前倨後恭的轉變，除澶淵之盟訂立的影響外，吾人不可忽略還有一個重要因素。即在西夏迅速擴張之際，李繼遷驟卒，德明新立，由於威望未立，基礎不固，「蕃族多懷觀望」㉒。而宋夏衝突時，宋朝為削弱西夏勢力，常以官爵財貨之利，招誘附夏蕃部來歸。如景德元年正月，宋廷詔云：

---

⑳《西夏書事》，卷7，頁3-12。

㉑《西夏紀》，卷4，頁8-12。

㉒《西夏書事》，卷8，頁8。

> 詔諭靈夏綏銀宥等州蕃族，旺善、旺威、龐洋、偷布
> 安，鹽州李文信，萬子都虞候及都軍吳守正、馬幹等，能
> 率部下歸順者，授團練使，賜銀萬兩，絹萬匹，錢五萬
> 緡，茶五千斤；其軍主職員外郎將校補賜有差；其有自朝
> 廷叛去者，並釋罪甄錄㉓。

即在宋朝這種招誘策略下，不少蕃落轉而棄夏投宋㉔。為安
定內部，以免這種情勢惡化，應該也是德明轉變態度，積極與宋
朝進行和談的重大原因。否則，就遼夏關係而論，契丹雖與宋訂
和，卻也在德明請求下㉕，在景德二年七月遣使冊封德明為西平
王㉖，雙方繼續維持宗藩的關係。所以至少西夏在政治上是不會
陷於兩面受敵的困境的。

西夏對宋議和雖轉趨積極，但其條件與宋廷的要求卻相去頗
遠。在真宗要招撫德明時，其構想是要德明歸還靈州，解散擴增

㉓《長編》卷56，頁5，景德元年正月戊午條：
㉔據《西夏紀》所載，繼遷死後，其部將或黨項蕃落叛夏投宋者，二年之
　間即有多起：
　⑴景德元年六月，繼遷部將都尾等率其屬叛附於宋。
　⑵景德元年六月，西延家妙俄熟魏數大族叛附於宋。
　⑶景德元年十二，德明孔目官何憲叛歸於宋。
　⑷景德二年四月，熟戶旺家族擒（西夏）軍主一人以獻於宋。
　⑸景德三年五月，（西夏）白池軍主潛輸軍情於宋，宋降詔無諭，賜錦
　　袍銀帶。
　⑹景德三年六月，熟戶潘保薛等復叛歸宋。
　⑺景德初，綏州蕃部指揮色木結皆以等附宋。
（西夏紀，卷4，頁4-14）
㉕《西夏書事》，卷8，頁8。
㉖同註㉕，頁10。

的軍隊，還居夏州，而恢復其節度使的職銜㉗。也就是要西夏放棄新佔之地，回到宋初的陝北五州轄地；這當然難為德明所同意。後來宋廷提出許德明以定難節度使，封西平王，賜金帛緡錢各四萬，茶二萬斤，給內地俸，聽回圖往來貿易，開放青鹽禁令，共五項條件；而要求德明歸還靈州、朔方，只居平夏，遣子弟入宿衛，送還掠去官吏，盡散蕃漢兵及質口，邊境糾紛稟朝旨裁決等七事㉘。顯然宋朝想以財貨貿易利益及王爵榮寵，換取軍事挫敗失陷的土疆。但西夏經繼遷二十年爭戰，疆土大擴，羽翼已豐，焉有放棄戰果，自解武裝，退居一隅之理。所以德明除繼續聯結契丹外㉙，對宋則一面頻頻遣使入貢㉚，獲取利益，並減敵意，表示忠誠；一面則在疆土與軍事的條件方面堅不讓步。

由於宋夏和議僵持不決，宋朝部分邊將主張採強硬手段，乘機進攻西夏，如知鎮戎軍曹瑋就力主用兵以免後患，他說：

> 繼遷擅河南地，二十年兵不解甲，使中國有西顧之憂，今國危子弱，不即捕滅，後更強盛不可制。願假臣精兵，出其不意，擒德明送闕下，復河西為郡縣此其時也㉛。

另外涇原儀渭都黔轄秦翰也建議出兵擊德明，真宗雖一意罷

㉗《長編》，卷56，頁4。
㉘《宋史》，卷466，〈張崇貴傳〉，頁19。
㉙《西夏書事》，卷8，頁11。
㉚參見《西夏紀》，卷4，頁8-12。
㉛《宋史》，卷258，〈曹瑋傳〉，頁8。

兵，故對主戰派之論皆不採納㉜。但也擔心沒適當約制，恐「德明變詐難信，儻務姑息，必貽後患」㉝。致如何成議，仍頗遲疑。相對的，主持和議的向敏中、張崇貴則主張讓步，放棄靈州的索討㉞；而曾任太宗朝樞密使的河陽節度使王顯更勸真宗「許德明稱藩，不須納質」，並「通青鹽以濟邊民之用。」㉟在上述和戰議論中，曹瑋、秦翰皆為武將；而王顯、向敏中、張崇貴為文臣或內侍。可見對景德宋夏和議，明顯是文臣主和而武將反對。即在主和文臣的影響下，真宗逐漸放棄堅持，既不要求德明歸還靈州，也不須回居平夏。最後乃以「遠方之俗，本貴羈縻耳。」為由，同意以「不許回圖貿易，不放青鹽入境」為條件許德明免派「子弟入宿衛」。而且還表示「異時德明如有懇請，則（青鹽）當令榷場量定分數收市」㊱。

　　德明以新拓疆土得宋朝承認，在名義上雖稱臣受封成為屬國，經濟上卻獲取相當利益，條件已可滿意，始於景德三年九月遣使進誓表於宋「誓立功效」㊲。次月，宋廷亦以張崇貴為專使，封德明為「西平王」，定難軍節度使兼侍中，給俸如內地，賜銀萬兩，絹萬匹，錢二萬貫，茶二萬斤㊳。至此，折衝三年餘的宋夏和議乃告成立。而在折衝過程中，我們也可看出宋人經近三十年西北並擾的折騰後，確已謀和心切；故只是西夏願意稱臣

㉜《西夏紀》，卷4，頁10-11。

㉝《長編》，卷63，頁1。

㉞《西夏紀》，卷4，頁9。

㉟《長編》，卷61，頁15。

㊱《長編》，卷63，頁19。

㊲《長編》，卷64，頁4。

㊳《西夏紀》，卷4，頁14。

受撫，其他條件和財貨的賜與可以一再讓步。西夏方面除了疆土、人質不可退讓，至於稱臣以換取經濟利益是可以接受的。這種差異正顯現出中原華夏政權重視君臨四裔的名分甚於經濟的考量，而畜牧社會為主的西夏則願意為經濟的利益作政治名分的退讓。

三、景德和議後宋夏和平關係的分析

景德和議訂立後，宋夏維持了三十餘年穩定的宗藩關係，「朝聘之使，往來如家；牛馬駝羊之產，金銀繒帛之貨，交受其利」，「塞垣之下，逾三十年，有耕無戰」㊴。所以這段期間的西北和平歲月是宋夏經濟貿易文化交流的黃金時期。但這種穩定關係的維持，並非偶然，而是有其主客觀條件的。首先須要重視的是真宗與德明兩統治者對和平關係的信心與慎重處理邊境糾紛的態度。

和議初訂，宋廷即宣告沿邊解嚴，「緣邊屯戍，量留步兵，餘悉分屯河中府、鄜州、永興軍，以就芻粟」㊵。對這種措施，部分邊將認為邊防不可無備，頗表反對；真宗皆以為過慮，不改決策㊶。而部分邊臣仍思立功，私行招誘蕃部來附，宋廷特命不得接納，以免生事㊷。主持和議有成的張崇貴建請擇派大員，許以便宜，處理疆場之事，以防德明利用來往貿易，別有他謀，真

㊴范仲淹，〈范文正公集〉卷9，頁76。
㊵《長編》，卷64，頁5。
㊶《宋史》，卷253，〈孫全照傳〉，頁10。
㊷《宋史》，卷491，〈黨項傳〉，頁11。

宗也認為「西鄙寧靜」，「增置官屬，徒為張惶」；不予採納
[43]。連宋朝邊境官員開濬壕塹，以遏阻走私活動，德明請求停
止；真宗「方務綏納」，也詔「罷其役」[44]。並依誓約，禁絕緣
邊築移砦柵[45] 甚至西界兵馬入界追逐蕃部，真宗也要求邊將稟
報朝廷，不許擅自處理。《長編》景德三年十一月癸卯條：

> 邠寧環慶都部署孫全照請令張崇貴嚴戒德明，自今蕃
> 部歸投諸州者，無得入境追逐。上曰：德明族帳繼有歸投
> 者，德明雖遣人騎追逐，未嘗敢入境也，若從全照所奏，
> 恐至危疑。乃命全照，如德明果遣人騎入境，則具以聞
> [46]。

　　至於平常節慶，宋廷更不惜額外賞賜以示榮寵。如大中祥符
七年（西元1014年），真宗謁老子於太清宮，特加德明「宣德功
臣」名號；天禧三年（西元1019年），又因郊祀，加「崇仁功臣」
名號[47]。仁宗即位（西元1023年），又加「尚書令」[48]。每加恩
贈官，皆予豐厚，襲衣、金花、銀沙、羅盆，合銀動輒千兩，另
有錦彩千匹，銀鞍勒馬。夏境如逢荒歉，宋朝也特許西人市糧
[50]。

---

[43]《長編》，卷65，頁7。
[44]《長編》，卷71，頁10。
[45]《西夏紀》，卷4，頁18。
[46]《長編》，卷64，頁8。
[47]《宋史》卷485，〈夏國傳上〉，頁12。
[48]《宋史》卷485，〈夏國傳上〉，頁14。
[50]《長編》，卷68，頁8。

另外，遇有喪慶之事，宋廷也殷切存問；如德明母死，宋廷聞訊，即遣專使前往弔問致奠[51]；天禧三年（西元1019年），德明又以母喪入告，雖為繼母，真宗仍再遣使前往弔贈、致祭[52]。而宋修章穆皇后園陵，德明也獻馬以助[53]。如遇宋朝郊祀、東封，德明更不忘乘機貢獻，以邀賞賜，兼表忠誠[54]。

其次，經濟因素方面，西夏財貨利益的滿足，也是雙方和平關係的重大基礎。蓋西夏在生產上，是黨項族畜牧為主與部分漢人農耕的經濟型態，其手工業用品及生活物資的取得，仰賴中原農業社會甚深，而除了「賞賜」之外，透過和平貿易交換有無，當然是最理想的方式。故和議訂定，德明即頻頻入貢[55]。貢品主要為畜產之馬與駱駝，宋朝則回賜大量之器幣及襲衣、金帶等統治者生活用品[56]。且貢使除在開封正當貿易外[57]，又往往沿途以馬匹與百姓交易，或非法販賣私物，逃避商稅[58]。而貢使入宋貿易，本為和約所不載，但真宗在滿足於西北烽火平息的心理下，也不予計較。德明似乎也瞭解宋廷的態度，在和約初訂的次年就請求「因進奉使赴京市所需物」，並得到真宗迅速的同意[59]。對

[51]《長編》，卷65，頁11。
[52]《長編》，卷93，頁4。
[53]《宋史》，〈夏國傳上〉，卷485，頁16。
[54]《西夏書事》卷9，頁8。
[55]從景德三年五月至景德四年九月，年餘之間，德明入貢，見之史載者，即有九次。詳見《西夏紀》卷四各條。
[56]《長編》，卷65，頁6。
[57]《西夏書事》卷10，頁1。
[58]《長編》，卷83，頁14。
[59]《長編》，卷65，頁6。

於貢使沿途私市逃稅擾民的問題，真宗起初還下詔約束⑩，後來也表示「戎人遠來，獲利無幾」不加強防止⑪。反而擔心德明貢使所過州軍，官吏犒設簡慢，「遠人慕義，接不以禮，恐生慢心」，特別下詔告誡⑫。

而在宋夏之間，更重要的商業活動則為邊境的榷場貿易。景德和議的內容原無榷場貿易的約定，但德明一方面頻頻貢獻，以示忠順，一方面則在經濟利益上，不斷要求。故和議訂立的次年，德明就向宋朝請求比照宋遼邊界，於保安軍設立榷場供蕃漢貿易，真宗也未計較德明在和議時的頑強態度，迅即同意⑬。這種邊境榷場的貿易貨品頗為繁多，當時宋朝規定：

> （西夏）以馬、駝、牛、羊、氈毯、甘草易繒帛、羅綺；以蜜臘、麝香、毛褐、羱羚角、碙砂、柴胡、棕蓉、紅花、翎毛易香藥、瓷漆器、姜桂等物；非官市者，聽與民交易⑭。

顯然榷場貿易分官市與民間交易兩部分；西夏以主要畜產及山林特產交換宋朝的絲織品、香料、瓷漆器等。可見重要貨品的交易宋朝幾皆收為國營，此外才許民間貿易；這也顯示宋廷處理商業或國際貿易也以財政的目的為主。

---

⑩《西夏書事》卷9，頁13。
⑪《長編》，卷83，頁14。
⑫《西夏書事》卷9，頁12。
⑬《宋史》卷186，頁23。
⑭同註⑬。

　　由於西夏對貿易的強烈需求，德明不久又請增設榷場於麟州
⑥，並要求宋朝採購夏境的特產青鹽⑥。真宗雖然都沒有答應，
但國境交錯，並無明顯天然疆界，邊禁不易，蕃漢人戶「其親族
在西界輒私致音問，潛相貿易，夏人因以為利」⑥。所以隨著和
平日久，事實上沿邊走私貿易已逐漸猖獗，真宗對此也不太在
意，如大中祥符二年，河東奏報：

　　　麟、府州民多齎輕貨於夏州界，擅立榷場貿易，望許
　　人捕捉，立賞罰勸之。上曰：聞彼岐路艱險，私相貿易，
　　其數非多，宜令但準前詔，量加覺察可也⑥。

而且到了天聖年間宋朝還增設了鎮戎軍榷場與并代路和市⑥，使
兩國邊界貿易範圍大為擴展。也由於榷場貿易的日趨擴大，與走
私的盛行，西夏的物資需求容易滿足，因而德明貢使入京的次數
相對大為減少。話雖如此，宋朝對西夏的貿易願望也不是有求必
應的；如青鹽為西夏特產，宋朝為對付繼遷，自太宗淳化年間即
禁止入境，景德議和，因德明不願送子弟入質，也未開放其禁。
德明曾對此表示「誓立功效，為他日賞典」⑩；但後來德明數次

---

⑥《長編》卷67，頁1。
⑥《長編》卷68，頁17。
⑥《西夏書事》卷10，頁2
⑥《長編》卷72，頁16。
⑥並代路和市設於仁宗天聖四年（西元1026），見《長編》卷104，頁4。
　鎮戎軍榷場設於何時，未見史籍明載，但《宋史》卷186，〈互市舶法〉
　頁23云：「天聖中，陝西榷場二」，（元昊稱臣）慶曆六年，復為置場
　於保安、鎮戎二軍」。故可推定鎮戎軍榷場的增設當在天聖年間。

請求通市青鹽，宋廷卻因顧慮青鹽入口會影響國營「解鹽」銷路，始終不肯放行⑦。此外，軍器、銅鐵、錢幣、書籍也因涉及國防、財政或機密，皆禁止出口⑦。至於西夏如果自行設置榷場，招徠蕃漢前往貿易，宋朝也會加以制止⑦。這顯示宋人對兩界貿易並非以經濟觀點處理，不但有強烈的財政考量，而且將其作為政治運用的手段；所以對雙方貿易要維持主動操控，不容放任。

當然，西夏為維持和平帶來的貿易利益，也甚為重視對宋朝的來往。適時貢獻外，為表禮重入夏的宋朝使節，德明特建館舍於綏、夏二州，以便接待，「使至必遣親信重臣郊迎道左」⑦。並表示對宋使之來，深感榮寵⑦。

總之，由於德明時期與宋朝長期和平貿易，西夏經濟國力的累積獲益甚大，不但改善蕃漢生活，且「積貯財無算」⑦，更為元昊的稱帝建國事業奠下重要的物質與文化基礎⑦。

當然宋夏之間，和平貿易之外，也有不少磨擦發生；其中比較常見的是西界蕃落投宋引起的糾紛。蓋景德和議，規定「兩地

---

⑦《宋史》卷 466，〈張崇貴傳〉，頁 20。
⑦參見拙稿《宋夏關係中的青白鹽問題》，〈食貨復刊〉5 卷，10 期，1974；頁 14。
⑦宋朝對錢幣出口之禁，見《宋史》卷 180，〈食貨志〉，頁 3。軍器之禁見《西夏書事》卷 9，頁 9。銅鐵之禁見《宋史》卷 185，〈食貨志〉，頁 11。書籍之禁見《宋會要》〈食貨部〉，卷 38，頁 28。
⑦《西夏書事》卷 10，頁 2。
⑦《西夏書事》卷 9，頁 1。
⑦《長編》卷 65，頁 12。
⑦《西夏書事》卷 11，頁 11。
⑦參見《宋史》卷 485，〈夏國傳〉上；及《長編》卷 139 有關各條。

逃民，緣邊雜戶，不令停舍，皆俾交還」[78]。也就是兩界逃民，彼此不得收容。但真宗對德明採「恩撫」政策，反對之邊將、大臣不乏其人；如史部尚書張齊賢謂西夏得銀夏，吞靈州，「奸威愈滋、逆志尤暴」，可能將乘機進攻河西，宜「委大臣經制其事」[79]。尤其知鎮戎軍曹瑋更輕視德明，力主用兵，復河西為郡縣，免遺後患[80]。這些主戰論雖不為宋廷所用，但主辦和局的向敏中、張崇貴相繼離職，因而在強硬派主邊的影響下，邊吏往往私自招誘西界蕃落投宋，邀功生事。甚至放縱邊戶酋豪侵居西界。如大中祥符六年九月，西界旺家族投宋者數族[81]；八年四月，又有西夏官員兩人叛投環州，引起西夏千餘騎攻打慶州，以為報復[82]。為此宋廷還賜詔撫慰。天禧三年（西元1019年），又因邊將處理失當，夏人與宋軍戰於柔遠砦，殺傷頗眾；真宗特遣大臣前往安撫，其事乃平[83]。

而和平日久，雙方邊禁漸弛，兩界蕃部因細故互相仇殺造成的糾紛亦多。嚴重者如天禧四年正月，宥州羌臘兒率眾劫延州熟戶羊魏族；宋邊將出兵擊斬臘兒，「梟七十餘級，奪馬三百餘匹，餘眾悉禽」[84]。夏人不甘示弱，又於六月動員人騎入掠延州熟戶[85]。又如仁宗天聖元年，西夏軍主蘇爾格威叛附於宋，不久

---

[78]《長編》卷88，頁10。
[79]《宋史》卷265，〈張齊賢傳〉頁10。
[80]《宋史》卷258，〈曹瑋傳〉頁15。
[81]《宋史》卷250，〈黨項傳〉頁16。
[82]《西夏紀》卷5，頁10-11。
[83]《長編》卷93，頁4。
[84]《長編》卷95，頁1。
[85]《長編》卷95，頁19。

德明部落亦來攻宋平涼、方渠等地⑧。另外比較值得注意的糾紛
是西夏對邊境耕牧土地的爭持。如大中祥符五年，德明以延州黑
林平地原為夏境，為宋熟戶侵佔，請求處理⑧。宋廷不允，德明
還特遣專使入京陳述⑧。又如大中祥符三年，延州熟戶明愛侵據
綏州地界，德明以兵來爭，與宋邊戍兵衝突，釀成事端。後德明
上表申訴其事，真宗察明其事，令明愛等退回宋界，其事乃平
⑧。這些衝突一方面顯示畜牧族重視人口爭奪及兩界蕃部糾葛的
宋夏關係特性；一方面也可從西夏對耕牧土地的爭取，看出在和
平安定時期，西夏農業逐漸發展的徵象。

　　宋夏這段時期，各種糾紛雖層出不窮，但以和平貿易為基礎
的宗藩關係仍能維持穩定，推究其基本原因，乃宋廷與德明皆珍
視和平關係，故能慎重交涉，避免衝突擴大。如宋朝捕獲西界間
諜，法當處死，真宗令交德明處理⑨。天禧年間，幾次相當嚴重
的邊境軍事衝突，宋朝也抑制邊臣的反擊衝動，而採取安撫，警
戒的一般措施來對應⑨。乾興元年（西元1022年）宋環州屬羌巡
檢慶香殺害供奉官胡寧，率其本族三百餘帳投夏，宋朝也僅招還
部分羌戶，沒有強烈反應⑨。天聖三年，宋廷為杜絕蕃戶叛投造
成的糾紛，還特再申令涇原一帶，「自今有內附者，非先陷蕃軍

---

⑧《西夏紀》卷5，頁19。
⑧《西夏紀》卷5，頁7。
⑧《長編》卷77，頁12。
⑧《西夏紀》卷5，頁5。
⑨《長編》卷71，頁20。
⑨參見註⑧，⑧，⑧，⑧，⑧各條。
⑨《長編》卷99，頁6。

民，邊吏勿得受」㉝。其後，德明以蕃部逃入漢界來告，宋廷也
指示邊臣盡量遣還㉞。西夏方面，對於邊界各種磨擦，亦能克
制，維持基本的善意與互信。如天禧四年，西界蕃落攻劫延州熟
戶，被宋軍擒殺甚多，德明亦未進行報復，使此事件平息㉟。大
中祥符年間，德明爭綏州土田，又請市青鹽，宋朝皆據誓書所
載，加以回絕，德明亦不再請㊱。天聖三年，宋環州羌亂，羌首
實布格等求援於夏，德明不應，羌亂遂平㊲。

四、宋夏關係新危機的蘊釀

景德和議後，在宋廷靜邊息兵的政策下，注意約束邊將，避
免衝突，且於物資爵銜上，加意籠絡德明。德明則基於財貨利益
的需求，以及為鞏固所屬蕃落的向心力，強化對新得廣大領土的
統治；也採取一面倚結契丹，一面示好宋朝的政策。故德明時
期，宋夏邊境雖有局部軍事磨擦，皆能順利化解，雙方長期維持
穩固的和平貿易關係。但西夏在交好宋遼的同時，並沒有忘情於
河西走廊的經略。

五代宋初的河西走廊，甘州（張掖）以西為回紇勢力，涼州
為吐蕃所據居。宋初由於先內後外的統一戰略，以及仰賴西北蕃
供應馬匹，故對河西諸蕃向採羈縻懷柔政策；河西諸部亦以馬匹

㉝《長編》卷103，頁8。
㉞《長編》卷105，頁3。
㉟《長編》卷95，頁1。
㊱《長編》卷68，頁17；卷77，頁12。
㊲《長編》卷103，頁9-10。

貿易之利，心向宋朝。但李繼遷崛起，勢力漸大之後，即垂涎河西水草豐美以及中西交通商路的價值，積極進圖；而河西諸部基於經濟的考量，多傾向結宋抗夏。宋朝為利用這種情勢，也曾有聯蕃攻夏的計劃，但由於對吐蕃心存疑慮，聯合軍事行動終未實施⑱。而李繼遷卻於咸平六年（西元1003年）主動大舉進攻西涼；幸而西涼吐蕃六谷族大酋潘羅支詐降伏擊，李繼遷敗死，西北新局乃現。

繼遷死後，潘羅支欲進兵賀蘭山，「討除妖孽」，請宋進軍為援，但宋廷以急於與德明言和，卻報以「繼遷已死，未經殯葬，所以未欲討除」⑲。終至坐視潘羅支被親夏蕃族聯合西夏所殺⑳，宋朝在西北失去強力臂助，而其善後，也只是改援羅支之弟廝鐸督為朔方節度使，作為牽制西夏之計而已㉑。德明在宋朝的姑息態度鼓勵下，和議訂立後，既無東顧之憂，即一意西向發展。景德四年，西涼六谷族吐蕃已上言為德明所侵略「無寧日」㉒。宋朝對此局勢之發展，顯然不以為意，僅以吐蕃之陳述轉諭德明，並令廝鐸督連結回紇為備，而無進一步積極干涉的反應㉓。不久，甘州回紇因與西夏衝突，請宋發兵為助，宋廷不但以「德明順命」不予允准㉔；反而詔諭河西諸部「夏州納款，其素與為隙者，自今無相侵略」㉕。這種反應顯示宋朝此時西北策略

---

⑱參見拙稿：《北宋對吐蕃的政策》，〈師大歷史學報〉第4期，頁145。
⑲《宋會要》，〈方域部〉卷21，頁19。
⑳《長編》卷56，頁15。
㉑《宋會要》，〈方域部〉卷21，頁20。
㉒《長編》，卷65，頁6。
㉓《宋史》，卷192〈吐蕃傳〉，頁9。
㉔《西夏紀》卷5，頁3。

是消極維持西夏與諸蕃間的均勢，以利邊局安定而已。對西夏席捲河西，勢力擴大可能形成的危機毫無警覺。當時大臣張濟賢曾指出西北的隱憂謂：

> 繼遷為潘羅支所殺，臣慮繼遷之子德明……去攻六谷，……今潘羅支已亡，廝鐸督恐非其敵，望委大臣經制其事[105]。

他已看出西夏向河西擴張，吐蕃難以匹敵，不加約制，將為宋朝大患，惜宋廷未予注意。大中祥符四年（西元1011年），西夏果然出兵進攻涼州，雖為廝鐸督所挫，未即得逞[106]。數年後，西涼終為德明所佔，六谷蕃部南退湟水河谷，依附青唐吐蕃[107]。六谷吐蕃效力宋朝二十年，竟成宋廷和邊政策的犧牲品。

西涼吐蕃既破，德明勢張，幸此時甘州回紇尚強，略能與夏頡抗。吐蕃贊普後裔角廝囉亦崛起青唐（今青海西寧）、邈川（今青海樂都）一帶，撫有潘羅支餘眾，擁兵六、七萬，利於與宋茶馬貿易及賜與之利，輸誠於宋，而與夏敵對；成為西夏席捲河西的重大阻礙。但當其謀攻夏州，請宋發兵為助，宋廷卻加以拒絕，其原因是顧慮吐蕃若勝，「其勢益大，又須存撫之也」[108]。亦即唯恐吐蕃強盛，西北局勢失去平衡，所以寧願放棄削弱

---

[105]《長編》卷72，頁5。
[106]《宋史》卷265〈張齊賢傳〉，頁24。
[107]《長編》卷76，頁8。
[108]《長編》卷85，頁15；《宋史》，卷492〈吐蕃傳〉，頁11。
[109]《長編》卷86，頁2；《宋史》，卷492〈吐蕃傳〉，頁12。

西夏的機會了。

由於宋朝執行消極的制衡政策，河西在吐蕃、西夏、回紇的
鼎立競逐中度過了二十年。到仁宗天聖（西元 1023-1031 年）年
間，德明之子元昊漸長，長於攻戰，又具政治野心，西北危機乃
急遽惡化。案元昊為德明長子，生於景德元年（西元 1004 年），
稍長即好騎戰，尤其反對德明為貿易財貨之利稱臣於宋。西夏書
事云：

> （元昊）十餘歲時，見德明以馬榷易漢物，不如意輒
> 斬使者，嘗諫曰：吾戎人本從事鞍馬，今以易不急之物，
> 已非策，又從而殺之，則人誰肯為我用乎？德明奇之，及
> 長，……通兵法，精野戰。……數勸德明勿臣宋。……德
> 明曰：吾久用兵疲矣；吾族三十年衣錦綺，此宋恩也，不
> 可負。元昊曰；衣皮毛，事畜牧，蕃性所便，英雄之生當
> 王霸耳，何錦綺為⑩！

可見元昊稟性雄傑，不以漢化或經濟利益的獲益為滿足，頗有獨
樹一幟，與宋抗衡的雄圖。

即在西夏的新擴張行動下，天聖六年，元昊率兵攻陷甘州
（今甘肅張掖），回紇潰滅，西涼亦再為所佔⑪。而宋朝仍無反
應。兩年後，德明去世，元昊繼立；宋廷遣專使續授元昊為「定
難軍節度使、西平王」，但元昊在宋使面前，已公然抱怨：「先

---

⑩《西夏書事》卷 11，頁 2。
⑪詳見《長編》卷 111，頁 15；《宋史》卷 485〈西夏國傳上〉，頁 12。

王大錯，有國如此而乃稱臣於人」⑫。元昊急於稱帝自國的企圖
已甚為鮮明。繼位不久即自定髮式，別服制，立官制，為建國的
準備。另外對河西的進攻也更為積極；景祐二年，大舉攻青唐吐
蕃，征戰數月。角廝囉上捷報於宋，宋廷議賞，大臣卻認為：
「兩夷相攻，朝廷不能解紛，反因勝獎賞，非馭夷之道也」⑬。
宋朝竟將世為盟好的吐蕃部族與向為宿患的西夏一體看待。忽略
了聯蕃制夏的傳統政策，顯示宋人對元昊大力擴張對宋帝國將帶
來的危機全無警覺。

　　即在宋廷呆板被動的綏靖制衡政策下，對西夏的野心放任其
發展。元昊於次年率兵西向，一舉席捲瓜（甘肅安西）、沙（甘
肅敦煌）、肅（甘肅酒泉）三州；盡有河西之地⑭。宋朝坐視河
西為西夏所取，實為極大失策。元昊既奄有河西，拓土三千里，
掌握水草豐美，且為中西交通與通商孔道的河西走廊全境，威望
大增，自信更強；遂轉而進行稱帝建國，提高國際地位，於是北
宋中期的西北危機爆發。

　　宋仁宗寶元元年（西元1038年），元昊築壇受冊稱帝，國號
大夏，並於次年通知宋朝。宋朝認此與反書無異，群臣以天下全
盛，爭言「小醜可即誅滅」⑮。即查禁絕貿易，削其賜姓官爵，
對西夏作全面討擊的準備。元昊則不待宋朝出兵，即主動進攻延
州（陝西延安）以為示威，於是宋夏戰爭爆發。上距景德和議訂
立，凡三十二年。

---

⑫《宋史》卷485〈西夏國傳上〉，頁14。
⑬《長編》卷117，頁17。
⑭《宋史》卷45〈西夏國傳上〉，頁15。
⑮《西夏紀》卷7，頁2。

五、結論

綜合上述，可知自景德和議至元昊稱帝，三十餘年間，宋夏
關係平和穩定，雙方信使往來，貿易暢通。這是陝隴人民生活最
安定，生產恢復，經濟繁榮的時間。這種關係的建立，推究其
因，主要是宋朝軍事戰力明顯衰退，無法制服遼夏，西北並擾的
危機日趨嚴重，故真宗君臣被迫放棄威服四裔的雄圖，一意弭兵
為和。訂和之後，尤能致力維持信誓，加意財貨賜予，籠絡德
明；非和約所載，也多從其請；並注意約束邊將之邀功生事，使
兩界蕃部糾紛或爭耕田土所引起的衝突不致擴大。西夏則繼遷挫
死，德明新立，蕃部不穩，加以宋遼盟好，如與宋為敵，將有孤
立之虞；故在宋朝財貨賜予及官爵貿易的籠絡下，也願意棄戰為
和，稱臣受封；雖自帝於國，對宋仍表尊崇，有邊爭，亦能與宋
廷直接交涉，而少逕行抄掠報復。

但宋朝專意與西夏維持和平，卻對西夏向河西的攻略缺乏警
覺與積極防制，以至一向親附宋朝，可以牽制西夏，保持宋朝在
河西走廊影響力的涼州吐蕃、甘州回紇相繼為西夏所吞併。至傾
向尊宋，貿易為利的德明去世，稱帝自主重於經濟考量的元昊繼
立，更席捲瓜、沙、肅各州，統有整個河西走廊，威脅大增，遂
稱帝建國。而宋朝時值承平，「天下全盛」，故立即採取強烈措
施，削賜姓、絕貿易；欲藉元昊之叛，乘機滅夏；於是西北戰爭
爆發。三十餘年和平破毀，宋夏關係轉進另一階段。

（本文原刊於《臺灣師大歷史學報》第二十八期　民國八十九年六月）

北宋與遼夏邊境的
走私貿易問題

一、引言

北宋立國一百六十餘年間，其對外關係以應付遼、夏、金為主要，而特別在對遼、夏和戰折衷之際，歲幣、貿易等經濟問題常占交涉之重要地位。關於這方面，學者論著已有不少。但對於當時邊界盛行之走私問題，迄未見學者深入討論。事實上，走私貿易雖為法所不許，卻是北宋與遼、夏貿易的重要一環。其形成有它特殊的經濟、政治背景，它關係宋人對遼、夏態度的差異，也表現宋人陸界貿易的觀念，甚至影響到宋帝國的內政措施與財政金融狀況。本文即擬就資料所及，將北宋與遼、夏間走私貿易的成因與型態及走私的內容與影響加以探討，從而認識宋人之陸界貿易觀念與執行的實際。

二、北宋與遼夏貿易的規制

塞外畜牧部族為改善物質生活，與中原手工農業區進行商業交易的事實，史載早已有之。契丹（遼）據有塞北，其與中原之經濟關係亦不例外，五代時期，他們即在邊界與中原進行貿易。甚至還有使節逕入京師交易的情形；其進行程序，雖有「則

例」，但無官署專司管理①。北宋建國，太祖時期（西元960-975年），對邊界貿易的態度，仍頗放任，「聽契丹沿邊市易而未有官署」。太宗繼立，太平興國二年（西元977年），「始令於河北鎮、易、霸、昌各州置榷務」，由官方「輦香藥、象（牙）、犀（牛角）及茶與交易」，而將對遼貿易納入管制，並由官方參與貿易。不久，太宗伐遼，貿易中斷；此後由於雙方衝突時起，貿易時通時絕，極不正常②。直到真宗景德元年（西元1004年），宋遼澶淵之盟訂立，兩國和好關係獲得穩定，貿易才獲重開，並形成制度。

依據澶淵之盟及其後數年的規定，宋人所建立的對遼貿易規制，大致可分三項說明如下：

㈠**貿易場所方面**：貿易限於設在邊州的榷場進行，出此則為犯禁。宋人所設榷場，初有雄州（河北雄縣）、霸州（霸縣）、安肅軍（徐水縣）三處。宋會要輯本云：

> 景德二年二月三日，詔沿邊州軍，朝廷已令於雄、霸州、安肅軍三處置榷場與北界互市，慮其或就他處回易，

---

①冊府元龜，卷九九九，外臣部互市門，後唐閔帝應順元年正月錄：雲州（今山西大同）張溫言：契丹在州互市。
又同年閏正月條：
雲州又言：契丹至州界市場。
又晉少帝天福八年：
契丹遣前青白軍使王從益到京出餘貨，斛奏宜破，省錢收糴。
又清泰二年十二月條：
雲州沙彥珣奏十年前與契丹互市則例。
②宋史卷一八六食貨志互市舶法。頁二十一。

即逐牒報云：已於三處置榷場，肇致物貨，請告諭商旅居
民，詣其處交易③。

　不久，又增設於廣信軍，合稱河北四場。此外，尚曾設置於
火山軍、九梁澤、飛狐關荽牙等處，但皆旋即廢罷，並不重要
④。

　㈡**榷場管理方面**：榷場初設時，「命常參官與內侍同掌」⑤
景德二年，建置有提點官員，由中書與樞密院共同推擇⑥。又由
於兩界互市，關係邊禁保防，故榷場駐有巡防軍隊，故負責邊防
之軍政大員，如本路經略使、安撫使對互市皆有節制之權。另
外，又設有監場官員，選對錢糧較有專業經驗的人員擔任⑦。為
便利與外商交易，榷場又募有牙人，帶領蕃商行旅入場販易⑧。
這些從事貿易媒介的互市牙郎，不但擔任買賣雙方的仲介，而且
具有信託保證的資格與任務⑨。民間交易，進入榷場的貨品種類
數量須受檢查，並向榷場所在州軍依價納稅，取得「公引」或
「公據」，而後可以出入榷場⑩。

　㈢**貿易貨品方面**：宋遼的榷場貿易分官營與民間交易兩部

---

③徐松宋會要輯本（以下簡稱宋會要）食貨部卷三八。頁二十六。

④參見宋會要，蕃夷部卷一。契丹條。

⑤續資治通鑑長編（以下簡稱長編），卷十八，太平興國二年三月庚寅條。

⑥宋會要食貨部，卷三八，互市條頁二七。

⑦右書同條頁三十。

⑧右書食貨部，卷三七，市易條頁二八。

⑨小林高四郎、「唐宋牙人考」，史學八卷一號，頁五三。

⑩參見宋史卷一八六，食貨志下，及幸徹，「北宋之過稅制度」（史淵，第
　八三輯）。

分，宋史食貨志載：

> （契丹）太平興國二年，始令鎮、易、雄、霸、滄州
> 各置榷務，輦香藥、犀、象及茶與交易，後有范陽之師，
> 罷不與通。……淳化二年（西元991年），令雄、霸州、
> 靜戎軍，代州、雁門砦置榷署如舊制，所鬻物增蘇木，尋
> 復罷。……景德初，復通好。……凡官鬻物如舊，而增繒
> 帛、漆器、秔糯，所入者有銀、錢、布、羊、馬、橐
> 駝，歲獲四十萬⑪。

可見景德以後，對遼官營貿易，是以官方專賣品的香藥、犀
牛角、象牙及農業區特產的紡織品、手工製品、秔糯等出售於
遼，並採購需用之畜產。顯然遼方是入超，故以銀錢支付，而宋
方歲獲四十萬之盈餘。這使宋予遼之歲幣得以部分回流。

官營貿易之外，才是商民交易範圍。但仍有許多貨品懸有禁
令，不許交易。如景德三年（西元1006年），詔「民以書籍赴沿
邊榷場博易者，非九經書疏悉禁之」。熙寧時（西元1068-1077
年）又禁「硫黃焰硝及以盧甘石入他界者。」⑫

對夏貿易方面，西夏在北宋開國時，名義上，仍屬受宋羈縻
的藩鎮，對宋廷態度亦頗恭順，故邊境安定，蕃漢民戶自由貿易
⑬。鎮帥更得免稅貿易的優待⑭。到太宗太平興國七年（西元

---

⑪宋史卷一八六，食貨志下，互市舶法，頁二一一二二。
⑫上書同卷，頁二三。
⑬宋史卷二七七，鄭文寶傳，頁二十。
⑭歷代名臣奏議，卷三二六，頁二十。

982 年），宋徵夏州之定難節度使李繼捧入朝獻地，其弟繼遷叛土，以興復為號召，利用宋遼衝突，逐漸坐大，始為邊患，西北騷然，關陝邊禁驟嚴，商旅遂告不通。後因繼遷請降，淳化三年（西元 992 年），一度准其通市⑮。不久，繼遷復叛，宋廷怒其反覆、遂再止絕官私貿易⑯。直到景德元年，李繼遷敗死，多年戰爭，雙方皆感疲敝，故隨著宋遼和平的建立，宋夏也進行和議。至景德三年，夏主德明納款，西北邊警寧息，次年，在西夏的要求下，雙方重開貿易⑰。

宋廷管制對夏貿易的規定，與對遼略同，以榷場為貿易的場所。宋廷設以供夏人貿易的榷場，以陝西保安軍（保安縣）為主要⑱。仁宗時，曾增設於鎮戎軍（甘肅固原）及河東邊界⑲。元昊以後，因宋夏屢次爆發戰爭，貿易極不穩定，但只要和平恢復，保安軍榷場的貿易亦隨之重開。交易的貨品，宋廷規定「以駝馬、牛、羊、玉、氈毯、甘草易繒、帛、羅、綺，以蜜臘、麝香、毛褐、羱羚角、硇砂、柴胡、紅花、蓯蓉、翎毛易香藥、瓷漆器、薑、桂等物，其非官市者，聽與民交易。」⑳可見宋人主要仍以紡織品、手工藝品及來自東南海上貿易的香藥與夏人交

---

⑮吳廣成西夏書事，卷五，頁五。

⑯宋史卷一八一，食貨志，鹽法條頁十八。

⑰參見宋史夏國傳，長編卷六四，頁五，及西夏書事，卷五，頁三。

又景德三年十月辛巳：

詔西邊州軍，德明已受朝命，緣邊屯戍量留步兵，餘意分屯河中府，鄜州永興軍以就芻粟。

⑱宋史食貨志卷一八六，互市舶法，頁廿三。

⑲同上，並參見長編卷一百四，頁三，天聖四年二月庚午。

⑳宋史卷一八六食貨志互市條。頁二十三。

易牲畜及山林特產。同時，也分官市民市兩範圍。但因宋，夏軍
政衝突時起，貿易規模時有變動，尤其神宗以後，屢次武力進討
西夏，並行經濟封鎖，故宋夏正規貿易更形萎縮㉑。

宋夏間的法定貿易除邊州榷場貿易外，還有朝貢貿易，即夏
人於使節入朝之便，市易京師（開封），是所謂「貢市」。或「館
市」。其制度之形成，大致也在真宗景德年間；西夏書事景德三年：

> 德明使至京師，特請俸予，因市禁物、隱關算，為奸
> 利，朝議聽之，自是歲以為常㉒。

次年，遂因西夏的要求，定貢使貿易為永制。續資治通鑑長
編真宗景德四年三月癸丑：

> 德明表請進奉使至京師市所需物。詔從之㉓。

這種貢使入京貿易，也分官民交易兩部分，使節所帶貨物
「除賣與官庫外，餘悉聽與牙儈市人交易」㉔。就是入官的貢
物，宋廷也令「估價酬」，並禁有司故意裁減價值㉕。甚至夏使
私人所帶貨物滯銷難售者，真宗也命官方加以收購㉖。這顯然是

㉑參見宋史卷四八六，夏國傳下及卷一八六食貨志，互市舶法條。
㉒西夏書事卷八，頁十五。
㉓長編卷六五，頁六。
㉔宋會要食貨部，卷卅八，互市條頁卅三。
㉕宋會要蕃夷部，卷七歷代朝貢頁十八。
㉖長編卷七十二，頁十四，大中祥符二年十月庚戌。

宋廷所謂來遠人的心理表現為對貢使的優待。由於貢使貿易有這些方便；加以他們貿易所得之絹布等紡織品回國之後，可高價脫售，獲利甚豐，有時可達三十萬緡，故夏人頗以進奉為利㉗。德明時代，宋夏關係和諧，夏使貢賀尤其頻繁㉘。經過元昊之叛，仁宗慶曆以後，立有定制，除賀即位、奠慰國喪、進助山陵等特殊情形外，常年依三節賀貢，即賀太后生辰、皇帝生辰，與賀正旦㉙。其朝貢團有正使、副使各一員，以為率領㉚。

三、宋遼邊境之走私貿易

太平興國四年（西元979年），宋太宗既滅北漢，乘勝伐遼，企圖恢復燕雲，大規模戰爭爆發，兩國二十年來之和平關係破毀，宋廷即將邊界榷場貿易停閉。但宋遼兩界邊民商旅互易有無，本為久已存在的事實，有其客觀需要，故雖遭官方禁絕，民間仍私自販易，遂形成走私現象。到雍熙三年（西元986年），宋廷注意到這種情況，為有效制敵，特下詔申禁走私，嚴令「河北商民，不與（契丹）貿易」㉛而兩界商民顯然利之所在，或為生計所迫，無視官方禁令，仍舊潛行兩界，私行販易。兩國關係方面，則遼人頻頻入寇，敵意日深。故太宗下令採取嚴厲的刑罰，以求遏止走私，宋史食貨志云：

㉗西夏書事卷二七，頁十六。
㉘參見宋史卷四八五，夏國傳上頁六。
㉙宋史卷一一九，禮志，賓禮條，頁十四，夏國進奏使見辭儀條。
㉚戴錫章，西夏紀，卷十三，頁二。
㉛宋史卷一八六，食貨志，互市舶法，頁廿一。

　　（太宗禁止私市）違者抵死，北界商旅輒入內地販
易所在捕斬之㉜。

　　可見隨著太宗對遼戰爭、禁止貿易的同時，宋遼邊境的走私
貿易即已存在。甚至因為從太平興國四年，戰爭爆發，直到景德
元年（西元1004年）澶淵之盟成立，其間凡二十五年，合法貿
易長期停止㉝，走私貿易可說已成為宋遼貿易的唯一途徑。故宋
廷雖然嚴刑峻罰，勢必也無法完全禁絕了。

　　景德元年，宋遼澶淵之盟成立，和平重現，且得盟約保障，
雙方關係趨於穩定，在契丹要求下，宋廷重開榷場貿易。但違禁
走私的情事依然存在。如真宗景德二年，安肅軍報告：

　　　部民數輩，私至北界，易州州將執之送還㉞。

　　這種記載，雖未明言從事私販，但既違禁越境，私入北界，
其從事私販之可能性顯然極大。又長編景德二年更載云：

　　　使臣自雄州入奏：榷場商旅貿易於北境，契丹國主弟
　　曰隆慶者，受其饋獻，必還其直，又設酒饌犒勞之，且言
　　今與中朝結好，事同一家，道路永無虞矣㉟。

㉜同上，頁廿二。
㉝據宋史食貨志及長編，自太宗伐遼至澶淵之盟卅五年間，唯端拱元年，
　淳化二年，咸平五年曾恢復榷場，但皆不久即告停止。
㉞長編卷六十，頁十一，景德二年六月辛巳條。
㉟長編卷六十一，頁十四，景德二年十月甲午條。

宋境商旅入遼販易，竟至與國主之弟酬酢，互為饋獻，可知這些商旅當已結成集團，其活動範圍與交易規模也屬不小，而且不是偶然單獨事件。案宋允遼復通貿易，其條件是「北商賚物貨至境上則許之」㊱。易言之，宋商是不許入遼貿易的。所以上舉，商旅之入北境貿易，當然就是非法越境的走私行為。再從契丹國主弟隆慶，對宋商說話的語氣（今與中朝結好，事同一家，道路永無虞矣。）也可看出，澶淵之盟後、固然榷場開放；但因戰爭結束，邊境安定，似乎宋商也更便於來往市易。所以非但走私情況依然；甚而有更猖獗的趨勢。

到了景德三年九月，宋廷鑒於私販難禁，終於採取進一步的措施，特「選使臣二員，為長城口巡檢，各給兵百人，分道巡邏。」㊲欲以加強邊境巡防，遏制商民走私。然而所能獲得效果仍不理想。因此，大中祥符（西元1008-1016年）時，瀛州報告，常有北境商人違禁帶私物入界貿易，被州民恐嚇、勒索的事㊳。甚至也有南北商民私相販易，積欠物款，致由兩方官府交涉索理的記載㊴。

為了防制商民走私販易，宋廷除一再宣示禁令、加強邊界巡查之外，也制訂種種嚴峻刑罰，以謀制止。長編乾興元年（西元1022年）二月庚子條云：

㊱宋史食貨志，互市舶法，頁廿三。
㊲長編卷六十四，頁三，景德三年九月戊午條。
㊳長編卷七十七，頁三，大中祥符五年一月丁酉。
㊴長編卷七十八，頁六，大中祥符五年七月壬甲。

　　　　大赦天下，……邊民因越北界市場，刺配向南州軍者
　　放停，遞還本貫⑩。

　　從這項記載、我們可知宋廷為防止走私，已有將犯者刺配充
軍的嚴厲規定；但顯然犯者依舊不絕，於是仁宗時，又進一步實
行告賞之法，希望改善情況。長編嘉祐元年（西元1056年）閏
三月癸丑：

　　　　河北邊緣商人多與北客貿易禁物，其令安撫司設重賞
　　禁絕之⑪。

　　宋廷雖不惜懸以重賞，誘吏民告發，以杜走私。但顯然積重
難返，無法改善情況。故到神宗熙寧年間，遂因「私販者眾」，
特立「與化外人私貿易罪償法」⑫以為對付。

　　要之，由於北界走私之猖獗難禁，宋廷曾專設官司以掌巡
邏，立重賞以告捕，甚至以刺面充軍之刑罰來懲置，而走私卻依
然猖獗，歷久不已。卒至朝廷必須為之特立法規，以為處理，宋
遼邊境走私之普遍與嚴重，於此可見。

　　事實上，宋遼兩界走私活動並不限於犯禁越界，他如利用榷
場交易機會，違禁私販或沿邊官吏私與北人交易謀利者⑬，皆不

────────────

⑩長編卷九十八，頁二。
⑪長編卷一八二，頁六。
⑫宋史食貨志，互市舶法，頁廿三。
⑬長編卷一七一，頁十三，仁宗皇祐三年十一月辛亥。又卷五九，頁三，
　景德二年正月。

乏其人。甚至遼使入汴，居停的驛所，也常有執事官吏夫役與北人私相交易的情事㊹。不過由於榷場、驛亭的場所固定，查禁較為容易罷了㊺。

至於宋遼兩界走私之所以猖獗難禁，可以分為兩種原因，加以理解。

第一、宋遼國境交界地帶，東段在今河北中部，地處平原，僅略以白溝河，拒馬河為界，水澤河汉叢雜。西段在今山西北部，山嶺盤錯，徑道縱橫。因此兩界缺乏天然障礙，人民進出，不易稽防。加以燕雲本為近塞漢地，由於政治緣故，劃歸遼國，兩界親誼牽連，酬酢通訪成為常事，使邊界管制，更為困難。如景德二年，安肅軍報告：「部民數輩，私至北界，易州州將執之送還。」㊻這些擅自出入國境的人，有的是越界賭博，有的是偷採材薪㊼。官吏互相酬贈，亦時有所聞㊽。神宗元豐年間，更有北人越界私繪地圖的記載㊾。這些都說明兩界出入的頻繁與察禁

㊹長編卷一七〇，頁六，皇祐三年三月乙卯。
㊺宋遼間的走私，也有由東南海商進行的情事。蘇軾、東坡全集卷三十一，乞禁商旅過外國狀：
　至今年七月十七日：杭州市舶司准密州關報，據臨海軍狀申，准高麗國禮賓院牒，據州綱首徐成狀稱。有商客王應昇等冒請往高麗國公憑，卻發船入大遼國買賣。尋捉到王應昇等二十人，及船中行貨，並是大遼國南挺銀絲錢物，並有過海祈平安將入大遼國願子二道。
㊻長編卷六〇，頁十三，景德二年六月辛巳。
㊼長編卷七七，頁十一，大中祥符五年四月戊申又卷六〇，頁十三，景德二年六月丙申。
㊽長編卷五九，頁十，景德二年六月甲辰，又卷六十，頁一，景德二年五月戊辰。
㊾長編卷二九四，頁十一。

難周。又長編大中祥符二年十一月載：

> 河北安撫司言：緣邊巡檢捕得北界民李守明，檢括行
> 裝，部送保州訖。上曰：此輩雖至境上，既非奸詐，又無
> 禁物，不必拘留也。乃詔保州給還行裝，以酒殽犒而遣之
> ⑤。

足見兩界來往屢見不鮮。而未帶禁物或走私犯法者，尚得酒
殽款待，免受扣留，則其他私行出入國境，未遭查獲，乃至走私
違禁者，又不知凡幾矣。

河北邊境居民之出入兩界，由於國界線上尚有所謂「兩輸戶」
的存在，使問題更為複雜。兩輸戶是河北沿邊居民定居於雙方國
界附近、形同毆脫，國籍不定，分別向宋遼兩方輸納賦稅之人戶
⑤。這種兩輸戶，就政治言，是兩屬地或兩屬戶，他們對宋方的
納稅義務，雖已於太宗朝放免，但仍有兩地差役義務⑤。故提供
了出入兩界的便利。彼等或為北人嚮導，或受命兩界探事⑤。乘
機私敗更屬平常，實已成為宋方邊禁與保防的難題。

宋廷為防禁邊民出入邊界，曾採取多種措施。景德三年，特

---

⑤長編卷七二，頁十七，大中祥符二年十一月癸亥。
⑤包拯，包孝肅公奏議，卷九，請選雄州官吏疏：雄州據塘水之地，州城
　距北界卅里，路徑平坦，絕無蔽障之所，其間居民又係兩地供輸。
　另外請參見趙鐵寒，「宋遼間的經濟關係」，（中華文化復興月刊，十
　卷，第六期。）
⑤歐陽修，歐陽文忠公集，卷十三，河北奉使奏草。
⑤宋史卷三二六田敏傳，又長編卷一六八，仁宗皇祐二年四月壬戌，卷二
　四五，熙寧六年五月乙卯，卷三三三，元豐六年二月乙未。

置使臣二員，率兵巡檢各口⑭；次年，命轉運使將通往遼境之路，徑除榷場所經之外，皆設法斷絕⑮。到仁宗寶元時，又因邊禁不靖，命河北緣邊直至海口，凡空隙之處，增設巡舖，以便防堵⑯。不久，更禁邊民捕魚於界河。⑰對於海上商販亦嚴禁前往北界，違者流配千里⑱。另外，為有效制止邊民越界活動，對兩輸戶也加強管理，限制活動範圍；規定「私出本州界，並坐徙；後乃更從杖。」仁宗嘉祐間，為防兩輸戶民深入內地，特詔「河北兩地供輸人輒過黃河南者，以違制論。」⑲神宗元豐年間，更規定兩輸人戶已遷居近南州縣者，「不得復與兩輸地來往。」「已發遣歸業農戶，責鄰保覺察。」⑳至於兩輸人越界入北境者，處罰更嚴，甚至有處斬的情事㉑。主管官吏也要連帶受處分。如長編哲宗元符二年四月甲午：

> 前知保州西上閣門使副張赴，罰銅十斤，展三年磨勘；以不覺察婦人阿劉等出入北界故也㉒。

宋廷固然採取各種措施，乃至嚴刑峻罰，以求禁絕兩界邊民

---

⑭長編卷六四，頁三，景德三年九戊中。
⑮長編卷六五，頁五。
⑯長編卷一二三，頁十，仁宗寶元二年四月戊辰。
⑰永樂大典卷廿八（一二四），頁五，仁宗嘉祐六年五月庚戌。
⑱長編卷四五一，頁一。
⑲長編卷一九二，頁一，仁宗嘉祐五年七月庚寅。
⑳長編卷二九七，頁三，神宗元豐二年三月丙申。
㉑長編卷三三三，頁一，神宗元豐六年二月丁未。
㉒長編卷五〇九，頁九。

出入國境，從而強化保防，杜絕走私；但我們從這種措施不斷加強的記載，很顯然可以認識到它的效果並不理想，而且情況似乎一直相當嚴重，長編神宗熙寧八年六月己酉條載云：

> 詔：邊民典賣地與北界，論如私相交易律，皆配黃河南，本城許人告敵，賞錢十千。所典賣地勒犯人家或地鄰贖歸，犯人家財不足，官為借給。已有北人居者，詞婉順發遣。其典買北人地者，錢不追、地不耕。兩地供輸，與主屬南人典賣地者，立法有差。先是邊民以地與敵交易，久則疆畔不明，往往生事。慶曆中，賈昌朝嘗為約束，後屢申明，不能禁止，至是又著為法[63]。

邊民來往，乃至典賣田地，私行越界居住，導至疆界不明，屢禁不止。可見兩界民戶關係複雜，通往難以禁絕，無怪走私也猖獗難制。

第二、北宋朝廷處理貿易的態度，不以民生需要為考慮，而以政治軍事的衡量為轉移，所以對貿易範圍與規模的限制甚嚴，民間交易殊多不便，形成猖獗的走私情況。

宋帝國所領有的關內地帶，久為手工農業發達之區域；到了宋朝，不但生產技術進步，商業也非常發達，可以說是當時最繁榮的農業社會，也是物資生活最高的經濟地區[64]。相對的，當時的契丹，雖在漢人分布區，有農業生產，遼廷也注意農業經營；

---

[63]長編卷二六五，頁九。
[64]參見全漢昇，略論宋代經濟的進步，大陸雜誌第廿八卷，第二期。

但大體上，遼境生產，仍以漁牧經濟為主，手工製造品不足⑥。因此，向中原地區取得物資，遂為改善生活的途徑。取得物資的手段，除武力採取之外，商業交易當然更為穩定可靠。另外，契丹治下的漢人農耕社會，由於地理條件或生產技術的限制，也有與宋界交易有無的必要。於是在契丹而言，宋遼貿易自有不得不通之勢，遼聖宗之弟即曾與宋商言：「今與中朝結好，事同一家，道路永無虞矣。」⑥其聯好通市的意願已充分表露無餘。

但在另一方面，宋廷對與外夷貿易的看法卻有不同。他們主要是當作一種籠絡或駕馭戎夷的手段。如宋初契丹貿易頗得方便，太宗伐遼，即禁絕貿易。至用兵失敗，殿中侍御史趙孚奏御戎之策，始又主張以和市結好北國，「議定華戎之疆，永息征戰之事，立誓明著，結好歡和，彼以羊馬皮毳致誠，此以金帛犀象為報，有無相易，彼此從宜，養民事天，濟時利物，莫過於此。」⑥真宗時，京西轉運副使朱台符也認為利以關市貨財，可以恢復宋遼和平。他說：

> 朝廷宜與契丹淵棄前惡，復尋舊盟，利以貨財，許以關市，如太祖故事，結之以恩，彼必思之⑥。

在這種觀念之下，宋許與遼貿易，是出於被動而不得已的。再加上國防軍事的考慮，遂使貿易的許可範圍很小；貿易場所而

---

⑥參見趙鐵寒，宋遼間的經濟關係，中華文化復興月刊第十卷，第六期。
⑥同卅五。
⑥長編卷廿八頁三，太宗雍熙四年四月條。
⑥長編卷四四，頁二，真宗咸平二年三月癸亥。

論，景德時，開設四場，其後契丹自行設場貿易，宋廷以有碍貿易的控制，即加以阻止⑩。但契丹似乎並不理會，宋境商民私往販易者，亦不乏其人，遂形成私市⑩。

　　貿易貨品方面，景德初，官方貿易者，是以香藥、牛角、象牙、茶、繒帛、漆器、秔糯交易北界之羊馬槖馳、布等，民間貿易並無明白之列舉，但許多重要商品為北人所需者，皆懸有禁令，不准出口。如銅、錫、鐵器之出口，早已禁止⑪。金在大中祥符時，也禁止出界⑫。穀糧關乎民食，也不准外售⑬。至於軍事器材，關係國防，禁令尤嚴；鐵器根本不准在近邊州郡買賣⑭其他可造軍器者，概不准出界；違者充軍配管⑮。另外，為防洩露國家政情軍機，九經書疏以外之書籍也禁止售予外人⑯。甚至較高級的綾羅錦綺等絲織品也惟恐「戎夷無厭，若開其端，即求市無已，有所不及，即懷怨恨。」⑰禁止出售。而遼境盛產之食鹽，則為防侵奪國鹽銷路，嚴禁入界。但因北鹽量多價廉，私販遂不能止⑱。即使在合法的範圍內、宋廷也無意鼓勵貿易的繁榮⑲。

---

⑩長編卷七四，頁十六，大中祥符三年十二月癸酉。
⑩長編卷五一四，頁三，哲宗元符二年八月。
⑪宋史卷一八五，食貨志坑冶，頁十一。
⑫會要刑法雜禁，頁一○二。
⑬長編卷七三，頁廿一，大中祥符三年六月乙卯。
⑭長編卷六二，頁十，景德二年九月丙寅。
⑮長編卷一五七，頁五，慶曆五年九月戊戌。
⑯長編卷六十四，頁一，景德三年九月壬子。
⑰會要食貨部，卷卅八，互市條，頁廿七。
⑱宋史卷一八一，食貨志，鹽法上。
⑲長編卷一○四，頁十三，天聖四年七月壬戌。

要之，對遼貿易，宋廷純以國防與政治因素為衡量，不以民生或財經需要而求發展，故合理國際商業無法大規模拓展，被迫以走私型態出現。

就走私的大宗貨品而論，最嚴重者，當為北鹽的私販入境，遼地炭山城南（後魏滑鹽縣）本有鹽產，供契丹八部取食；自得燕雲十六州，遂有「河間煮鹽之利。」⑧由於「契丹之法簡易，鹽麴俱賤。」⑧與宋河北之境，歲收重稅十五萬緡相比，北鹽價廉⑧。於是北鹽大量走私入境。對這種走私販鹽，宋初用法極酷；違禁販鹽十斤者坐死，其後漸稍放寬，雍熙（西元984-987年）時，猶「自一斤論罪有差，五十斤加徒流，百斤以上，部送厥下。」⑧不可謂不嚴。但走私情勢之嚴重卻日甚一日。文獻通考云：

> 北人或自海口載鹽入界河，涉雄、霸入涿、易，邊吏因循，不能禁止⑧。

另外長編英宗治平元年（西元1064年），亦有一段關於趙虎頭巡緝私鹽的記載：

> （二月）辛未，令西京左藏庫副使緣界河巡檢都監趙

⑧遼史食貨志下。
⑧長編卷一五九，頁十一，仁宗慶曆六年十一月戊子。
⑧宋史卷一八一，食貨志，鹽法上頁廿八。
⑧馬端臨文獻通考四裔考，卷三四六，契丹下頁二七一一（台北新興書局影印本）。

用再任，從高陽關及河北緣邊安撫司之請也。用才武果

敢，而熟邊事，敵人以鹽船犯邊禁者，用割腸而沉之。敵

人畏用，以其出常乘虎頭船，謂之趙虎頭⑭。

北界私販鹽船公然橫行界河，邊吏難以禁止，竟須特殊果敢
的邊將才能對付，可見走私之嚴重。

由於北鹽南販的嚴重，當時對河北商民卻有意外的好處，就
是免於被列入榷鹽區，食用更貴的專賣鹽。蓋北宋鹽法，有榷鹽
區，有通商區。榷鹽是官煮官賣；通商則由商人向官府批購，轉
售於民，官收其稅。河北向列為通商鹽區，「聽人貿易，官收其
算。」由於通商區有商人競爭，故鹽質較佳、價亦較廉。而榷鹽
區由官自賣，既無競爭，官方可高估獲利。仁宗以後，用度漸
廣，遂有建議將河北列入榷鹽區，以收餘利，增益財用者。諫官
余靖即以為「契丹之法簡易」、「鹽價若高，犯法亦眾，邊民怨
望，非國之福。」其議乃寢⑮。慶曆（西元 1041－1048 年）時，
三司使王拱辰又建議「悉榷河北鹽入官，以專其利。」張方平仍
以北鹽的顧慮，激烈反對。他說：

今未榷而契丹盜販未已，若榷則鹽貴，契丹之鹽益

售，是為我歛怨，而契丹獲福也；契丹鹽入益多，非用兵

莫能禁，邊隙一開，所得鹽利能補用兵之費乎⑯。

⑭長編卷二百，頁七。
⑮宋史卷一八一，食貨志，鹽法上，頁廿八，並請參見林瑞翰、宋代鹽榷
　（大陸雜誌第二十八卷，第六期）
⑯同⑮。

　　結果仍然維持通商辦法。甚至仁宗末年，由於北鹽之侵奪，河北鹽稅所得已僅及舊額之半，宋廷仍未改變政策。直到神宗元豐七年（西元 1084 年）始曾一度榷河北鹽，半年即得十六萬餘緡之利，其懸殊可見。但監察御史王巖叟一再以「河朔國家根本，不可因利失民」，力請廢棄榷鹽之法。終於在元祐元年（西元 1086 年）恢復通商。其後，紹聖（西元 1094-1097 年）時，復以對西夏、吐蕃用兵，河北鹽卒歸官賣，以利國用。然而，鑒於河北榷鹽將導致「契丹鹽益售，慮啟邊際」堅持反對者，仍不乏其北榷鹽將導致「契丹鹽益售，慮啟邊際」堅持反對者，仍不乏其人⑧。北鹽南販，直迄北宋末年，未有適當辦法解決。

　　再者，穀糧的私販也值得注意。契丹向「禁國中穀食，不令出境」⑧宋方則為免資敵一向也不許穀糧外漏。但宋帝國在河北、河東地區，因邊防需要，駐屯大軍，軍食所仰，以入中、便糴應付，消耗量，年達數百萬⑧。而邊境各州，國界附近之地，悉劃為禁區，不許民耕，廣不下數萬頃。故軍需民食除內地補充之外，因遼境穀價素賤，⑨從北界私糴，遂成常事，這種情形尤

⑧宋史卷一八，二食貨志，鹽法中，頁一。
⑧長編卷五九，頁廿，景德二年四月己亥。
⑧長編卷二一四，頁十四，熙寧三年八月癸酉。並請參見宋晞、北宋商人的入中邊糧（大陸雜誌六卷七期）。
⑨遼境穀賤，斗粟不過數錢。遼史卷八十四耶律只傳頁二：
　統和初，……遷開遠軍節度使（雲內州）故事州民歲輸稅，斗粟折錢五，只表請折錢六，部民便之。
　另外同書卷六十食貨志頁三，更有梁王雅里定價，粟兩車易一羊之記載。至穀賤之原因，與遼稅法寬簡亦有關係；如遼史卷五十九、頁四：
　統和十五年募民耕灤河曠地，十年始租。

以河東地區更為嚴重。仁宗慶曆年間歐陽修奉使河東曾指論這種倚北糧為軍食的危險：

> 河東之患，在盡禁緣邊之地，不許人耕；而私糴北界粟麥以為邊儲。其大利害有四。……河東地形山險，餽運不通，每歲傾河東一路稅賦和糴入中，博市斛斗支往。緣邊州軍人戶既不能輦致，遂齎金銀錢絹就北界貴糴之。北界農民以粟馬入我境，其法至死，令邊民冒禁，私相交易，時引爭鬥，輒相斫射，萬一引惹而生事端，其患一也。若……敵常歲豐，及緩法不察，而粟過吾界，則是有望。苟敵歲不豐，或與我有隙，頓嚴閉糴之法，則我軍遂乏食。是我師饑飽，繫於敵人，其患二也。……（緣邊）地既不耕，荒無定主，而敵得以侵占。……其害三也。禁膏腴之地不耕而困民之力以遠輸。其害四也[91]。

所以他主張開放農地，許民耕種，以祛其弊，但無結果。反而，因有助軍食，宋廷對這種私糴北糧的行為卻比較放任。僅規定「軍民有赴北界市糧及不係禁物為北界所捕送者，並決杖一百，釋之」[92]。顯然，如果未被北界覺察者，便不加追究。這與鹽禁之苛嚴，實不可同日而語。其對走私的助長亦不待言矣。

再次，馬匹的盜販進口也是問題。馬在中古時期，是軍隊機動戰力的依賴，屬重要國防物產，宋遼雙方皆嚴為管制。但遼境

---

[91] 長編一五四，卷十二，慶曆五年二月甲寅。
[92] 宋史卷一八二，食貨志鹽法中，頁二。

多馬，五代政權已「募民盜戎人馬，給其直、藉數以補戰騎之闕」㊂入宋，由於雙方戰爭，遼國馬禁更嚴，賣馬於宋，其法至死，家屬遠謫。長編真宗大中祥符七年六月辛酉：

> 上曰：如聞，彼（遼）國每擒獲鬻馬出界人，皆戮之，遠配其家，甚可憫也㊃。

遼史耶律唐古傳亦云：

> 耶律唐古，……嚴立科條，禁邊民鬻馬於宋，夏。因陳弭私販，安邊境之要。太后嘉之，詔邊境遵行，著為令㊄。

不但禁賣馬於宋、夏，遼更勸阻西北蕃部市馬中國㊅。宋則以馬源缺乏，自不可能讓馬匹過界。在邊界地區，為防私漏，甚至連馬匹出城也列為重禁㊆。但因軍馬需要量大，宋廷對北馬南賣並不拒斥。真宗時，更曾許可邊民越界入遼境市馬，其後雖取消這個規定㊇；實際上，情況依然；景德間邊臣報告：「邊民多

㊂見文獻通考，卷三四六，頁二七〇七。又遼史卷六十頁四：
　群牧滋繁，數至百有餘萬……自太祖及興宗……群牧之盛如一日。
㊃長編卷八二頁十七。
㊄遼史九十一卷耶律唐古傳。
㊅長編卷二十一，頁九：太平興國五年九月丙寅。
㊆長編卷一六七，頁八。皇祐元年九月己酉。
㊇長編卷四十四，頁十五，咸平二年五月乙巳。

齎禁物及盜販北界馬。」[99]後為顧及對遼之和好，才在大中祥符五年，下詔申禁[100]。但到西夏叛宋後（仁宗寶元元年，西元1038年），西北馬源大減，又需馬孔亟，故於慶曆元年、二年兩度下令在河北各地設場買馬。起初將緣邊雄、霸等州軍除外不買，相信由於買馬成績不佳，於是次年就明詔在緣邊州軍進行買馬[101]。當然這種情況下買得的馬，必然會有很大成分是從北界走私入境的馬了；顯然宋廷對這種情勢並非不知，但以軍事所須無可奈何，而且還加以利用了。甚至到神宗時，竟命巡邊官吏「毋問賣馬者」，形同默許馬匹的走私行為。長編元豐元年十二月乙巳：

> 上曰：聞北界賣馬人法皆死，又徙其家屬。自今如北界無移文，可遣人夜於界首，毋問賣馬者，免令屠戮蕃民[102]。

這是別開方便之門，縱令北人越界販馬。但這種做法有時也會引起契丹不快，提起交涉，宋廷就不得不稍為收斂而停罷沿邊部分市馬場。如長編元豐二年正月乙亥：

> （詔）罷岢嵐、火山軍市馬。先是邊臣建議二軍市土產馬，以廣戰騎，既而北界移文稱邊人多盜馬過界中賣，

[99] 長編卷六十四，頁三，景德三年九月戊午。
[100] 長編卷七十八，頁三，大中祥符五年六月壬戌。
[101] 長編卷一三三，頁二，慶曆元年八月甲申。及永樂大典卷一二三九九，頁八，慶曆二年三月甲子。
[102] 長編卷二九五，頁三。

故罷之⑩。

可見由於宋方需要與縱容，雖北界嚴禁，但北馬私販入宋者仍頗可觀，對於河北、河東軍馬的充實，有其貢獻。

此外，宋代文風甚盛，臣僚好為議論，文集傳印，至經榷場流售北界，引起洩露機情的疑慮；景德二年即有詔令，除九經書疏外，蓋不准入場博易，「違者案罪，其書沒官」⑩但這種禁令顯然由於兩界出入難以防制，走私猖獗，故未收效，到仁宗時，不得不加強出版管理，以為釜底抽薪之計：

> （天聖五年二月）乙亥，詔：民間鏤印文字，並上有
> 司，候委官看詳，方定鏤板。初，上封者言：契丹通好，
> 河北緣邊榷場，商人往來，多以本朝臣僚文集傳鬻境外，
> 其間載朝廷得失，或經制邊事，深為未便。故禁止之⑩。

至神宗時，因犯禁者仍多，又令加重刑罰，以求遏止。「除九經書疏外，若賣餘書與北客，及諸人私賣與化外人書者，並徒三年；引致者，減一等；皆配鄰州本城，情重者配千里，許人告捕給賞，著為令」⑩連書籍的走私外流都嚴重到再三申禁，懸賞告捕，依然不能禁絕。宋遼之間非法商業的興盛可以想見。

宋遼邊境走私既如上述之猖獗，然者出入相較之下，雙方之

---

⑩長編卷二九六，頁一。
⑩長編卷六十四，頁一。
⑩長編卷一〇五，頁三，天聖五年二月乙亥。
⑩長編卷二八九，頁八，元豐元年四月庚申。

盈虧如何呢？就榷場貿易而論，顯然宋方是處次出超的有利地位。宋史食貨志謂與契丹之互市，「所入者有銀、錢、羊、馬、橐駝，歲獲四十萬」[⑩]。又宋祁景文集有云：

> 異時縣官歲與銀皆還入，漢邊相貿易，官得什六，歲益三、四則略足[⑩]。

再如三朝北盟會編載宋昭奏言：

> 祖宗朝賜予之費，皆出于榷場，歲得之息，取之於虜，而復以予虜、中國初無毫髮損也[⑩]。

根據這些史料，學者也都認定宋方在對遼榷場貿易的結算是享有相當出超的[⑩]；鑒於宋給遼之歲幣利在王庭[⑩]；其貴族與民間所須之大量紡織品與茶葉尚須從榷場採購滿足，所以宋方在榷場貿易可獲數十萬盈利的說法是可信的，但是在走私貿易方面就不盡然了。

[⑩]宋史卷一八六，食貨志，頁二十二。

[⑩]宋祁景文集，卷四十四，御戎篇七。

[⑩]徐夢梓，三朝北盟會編卷八，「宋昭上書論北界利害乞守盟誓女真決先敗盟」條。

[⑩]如日野開三郎：「從銀絹之需給上，看五代、北宋的歲幣，歲賜。」（東洋學報三十五卷第一、二號）及畑地正憲：「北宋與遼的貿易及其歲贈。」（史淵第一百十一輯）及趙鐵寒：「宋遼間的經濟關係」（中華文化復興月刊第十卷第六期）皆作相同看法。

[⑩]長編卷五十九，頁十六。

　　依宋史食貨志記載，與契丹之互市，宋方所得有銀，錢等四十萬盈餘，縱使給予遼國的歲幣銀全部回流，亦不過十到二十萬⑫。則宋方所得盈餘之中，自有相當部分是錢。遼國雖也沒有鑄錢院或鑄帛司，進行鑄錢⑬但遼代墳墓出土的銅錢中，遼錢數目甚少，絕大多數是宋錢⑭。甚至在遼國境內，宋錢還有取代遼錢成為通行貨幣的現象。蘇轍欒城集，北使還論北邊事劄子有云：

　　　　臣等竊見北界別無錢幣，公私交易並使本朝銅錢。沿
　　　邊禁錢條法雖極深重，而利之所在，勢無由止。本朝每歲
　　　鑄錢以百萬計，而所在常患錢少，蓋散入四夷，勢當爾也
　　　⑮。

　　元祐時，鄭价出使契丹回國，亦奏稱：

　　　　其（遼境）給與籍者錢，皆中國所鑄⑯。

　　宋錢既為契丹民間所樂用，則遼錢的數量與品質不足以應付需要事屬必然，再加上政治的原因，宋方也不可能大量接受遼錢。那麼這些回流入宋的錢當為宋錢無疑。但遼境這些大量宋錢

---

⑫因宋給遼之歲幣、景德訂盟，數為銀十萬、絹二十萬、慶曆增幣交涉，
　各增十萬，則銀為二十萬。
⑬遼史卷六十，食貨志下。
⑭據畑地正憲前舉文引。
⑮蘇轍欒城集卷四十一，頁三九二「北使還論北邊事劄子」。
⑯宋史卷一八〇，食貨志頁十一。

從何而來呢。宋人的銅鐵錢幣出畼是懸為厲禁，動N 處死的，宋
史食貨志：

> 太祖初，……（錢幣）闌出江南、塞外及南蕃諸國，
> 差定其法。至二貫者徒一年，三貫以上棄市[117]。

仁宗時更詔「闌出銅錢視舊法第加其罪，錢千，為首者抵
死。」[118]

宋人錢幣出界懲置如此之嚴，則從榷場的民間貿易流入遼境
的可能性與數量都是很小的。然者宋錢透過何種途徑溢流入遼，
而其量大到既可支付榷場之入超，尚可積為遼境的通貨，以至宋
朝本身雖每年鑄幣百萬，反而感到錢幣不足的壓力呢[119]。從上述
宋遼走私猖獗之情況，吾人應可斷言走私貿易就是宋錢大量流入
契丹的途徑。於此，我們也應認識，宋遼榷場貿易，宋方雖居出
超之有利地位，若將走私予以合併估量，整體貿易上，宋方是否
出超，當有疑問。尤其再考慮到遼方進口大宗的絹已在宋方歲幣
中，獲得大量贈與的事實；則宋方尚有入超之可能。所以宋人及
前此學者對宋遼貿易的說法（宋方有利）似僅能就榷場貿易立
論；如衡量當時遼境鹽、糧、馬匹走私入宋之盛況，便不能取此
樂觀態度。

邊境走私在宋遼貿易上的影響，我們還可從宋代兩次商稅統

---

[117]宋史卷一八〇，食貨志頁一。
[118]右書同卷頁二。
[119]同註一一二。

計中，再獲得進一步認識。宋會要輯本食貨部卷十五、十六、十七載有全國各商稅場（務）熙寧十年的稅額統計，同時列有各府州軍的舊統計稅額。這是宋代很好的經濟史料；日人加藤繁及我國學者宋晞先生皆曾據此就宋代商稅作了深湛論述。今參酌兩氏之統計，將河北東西路各府州軍兩次稅額列表，並算出所占本路稅額百分比，比較如下：

河北地區各府州軍商稅比較表（單位：貫）

路名	府州軍名	舊統計稅額	次第	占本路稅額百分比	熙寧十年稅額	次第	占本路稅額百分比
河北東路	澶州	37,776	5	8.09	33,330	6	7.35
	滄州	56,247	7	12.05	94,754	1	20.90
	冀州	26,153	7	5.60	18,864	9	4.16
	瀛州	35,968	6	7.71	24,651	8	5.44
	博州	67,240	3	14.41	33,827	5	7.46
	棣州	73,812	1	15.82	53,469	3	11.79
	莫州	8,983	12	1.92	9,613	12	2.12
	雄州	2,893	15	0.62	11,552	11	2.55
	霸州	5,096	14	1.09	5,810	13	1.28
	德州	70,547	2	15.12	45,608	4	10.06
	濱州	20,651	10	4.42	68,595	2	15.13
	恩州	23,621	8	5.06	18,037	10	3.98
	永靜軍	22,970	9	4.92	26,727	7	5.89
	乾寧軍	7,042	11	1.51	5,392	14	1.19

	信安軍	5,986	13	1.28	1,434	16	0.32
	保定軍	1,733	16	0.37	1,738	15	0.38
	合計	466,718		100	453,401		100
河北西路	真定府	49,735	1	15.43	47,420	1	16.45
	相州	22,669	5	7.03	19,360	6	6.73
	定州	26,700	3	8.29	29,762	3	10.36
	邢州	24,657	4	7.65	23,469	4	8.16
	懷州	20,608	9	6.40	13,698	11	4.77
	衛州	20,853	7	6.48	31,001	2	10.78
	洺州	20,745	8	6.44	15,349	10	5.34
	深州	20,123	10	6.24	18,527	7	6.44
	磁州	13,720	11	4.26	20,640	5	7.18
	祁州	34,765	2	10.79	15,902	9	5.53
	趙州	21,498	6	6.68	17,498	8	6.09
	保州	11,220	13	3.48	11,073	13	3.85
	安肅軍	4,240	15	1.32	4,103	15	1.43
	永寧軍	13,057	12	4.05	11,128	12	3.87
	廣信軍	4,156	16	1.29	4,084	16	1.42
	順安軍	3,421	17	1.06	4,435	14	1.54
	通利軍	10,082	14	3.13	（廢）		
	合計	322,249		100	287,470		100

上表所謂「舊統計」稅額，不知出於何年，加藤[120]氏推測是熙寧前數十年。今據宋史地理志，河北路濬州條：

> 濬州，……本通利軍，……天聖元年，改通利為安利，熙寧三年，廢為縣[121]。

又信安軍條：

> 信安軍，同下州，太平興國六年以霸州淤口砦建破虜軍，景德二年改為信安[122]。

據此，則舊統計中，既列有通利軍、信安軍為單位，故資料的建立當在仁宗天聖元年（西元 1023 年）以前，真宗景德二年（西元 1005 年）以後。

從表列稅額統計，我們明顯地可以看出設有榷場的雄、霸州，安肅軍、廣信軍，其商稅額與其他州軍相比，皆甚為偏低。在舊統計中，河北東路的雄州、霸州的稅額居十六州軍的十五與十四位，僅占全路稅額之百分之〇、六二與一、一，西路的安肅

---

[120] 參見加藤繁，宋代商稅考，（臺北華世出版社印行，中國經濟史考證，頁六二四）及宋晞，宋代的商稅網，（中國文化研究所印行，宋史研究論集，頁三〇）前者以府州軍為單位將所屬稅場稅額合計列出。後者強調稅場分佈與變動。但兩文皆照宋會要，將河北東路之保定軍列為保安軍。案宋史地理志，河北東路有保定軍無保安軍。保安軍屬陝西之永興軍路。顯然宋會要將河北東路之保定軍誤筆為保安軍。

[121] 宋史卷八十六，地理志，頁七。

[122] 上書同卷，頁五。

軍與廣信軍則居十七州軍的十五與十六位，占全路稅額百分之
一、三二與一、二九。熙寧十年的統計中，雖然略有增進，但雄
州、霸州仍只居東路的十一與十三位，占全路稅額百分之二、五
五與一・八二，安肅軍、廣信軍仍居西路的十五、十六位，占全
路稅額百分之一、四三與一、四二，近乎微不足道。案宋代商稅
有住稅，過稅兩種：「行者齎貨，謂之過稅，每千錢算二十，居
者市鬻，謂之住稅，每千錢算三十。」[123] 而過稅是一州一徵制，
在稅場納稅，取得公引或關引，即可免去本州各稅場之徵取[124]。
所以商民運貨入榷場貿易，法須於榷場所在州軍先行納稅。因
此，榷場貿易（官營之外）之榮枯必直接反應為本州軍商稅的豐
歉。低商稅額（尚含有本地買賣的住稅）即說明低貿易額。那
麼，這種少量的榷場貿易與宋錢大量違禁北流入遼的矛盾現象，
似乎走私的興盛也是唯一的合理解釋。

四、宋夏邊境之走私貿易

西夏本為割據陝北的唐末藩鎮殘餘，統有夏（陝西橫山縣
西）、銀（米脂縣北）、綏（綏德）、宥、靜（米脂縣西）五州。
號定難軍。宋初，李氏諸節度使對宋皆頗恭順，西北邊隅安定，
故貿易無特殊管制，邊境蕃漢民戶自由交易，互通有無。夏境羌
部農耕甚少，「但用池鹽與邊民交易穀麥」[125]。

---

[123] 宋史卷一八六，食貨志，頁一。
[124] 幸徹「北宋之過稅制度」（史淵第八輯）。
[125] 宋史卷二七六，鄭文寶傳，頁。

太宗太平興國七年，宋廷詔徵定難節度使李繼捧入朝，遂獻五州之地，而繼捧之弟繼遷叛走，數寇邊州以興復為號召，西北邊禍遂起，宋廷驟嚴邊禁，商旅不行，邊民交易也大受影響。當時宋遼衝突嚴重，繼遷得以乘機坐大，恢復勢力，故宋廷在太宗末年，先後將青白鹽的入境及邊界交易全面禁止[125]。但是夏境高亢貧瘠，除青白鹽之外，經濟以畜牧為主「惟產羊馬，百貨悉仰中國。」[126]與漢境交易，不能不通。因而隨著互市的禁止，違法私販即告出現。夏人自行設場誘宋境商民前往交易。長編真宗咸平五年（西元1002年）正月甲子條：

> 陝西轉運使劉綜言，訪聞邊賊蕃郎於赤沙、橐駝口路各置場貿易，深慮誘熟戶叛渙，請令本路部置，潛軍討之，上曰：……宜先諭民以條約，如有違者，即嚴譴之[127]。

這種私販雖為宋廷所不許，由於生計所需，卻難禁止。甚至到景德三年，宋夏和議成立，夏主李德明稱臣受撫，宋廷在次年

---

[125] 邊界貿易在端拱二年即遭禁止（皇朝編年綱目備要卷四），涼化二年，繼遷降，宋授為銀州觀察使，許通互市（西夏書事卷五，頁五）淳化四年，繼遷再叛，太宗又下詔嚴禁青鹽入境。後因解鹽運銷配合不當，一度解禁，到至道元年，太宗大舉追討繼遷，青鹽再度禁止，請參見拙著，「宋夏關係中的青白鹽問題」（食貨復刊第五卷第十期）宋廷每於戰爭，則禁絕貿易（如對遼），故其他貿易大約也在同時禁止了。
[126] 西夏書事卷二，頁十五，後周世宗語。
[127] 長編卷五十一，頁五。

設立榷場，開放貿易，走私情形依然存在。長編大中祥符二年十一月乙卯：

> 河東緣邊安撫司言：麟府州民多齎輕貨于夏州界擅立榷場貿易，望許人捕捉，立賞罰以懲勸之[129]。

又同書，同年三月己卯：

> 環慶都鈐轄曹瑋發兵開浚慶州界壕塹，趙德明移牒鄜延路鈐轄李繼昌言其事。蓋德明多遣人齎違禁物，竊市於邊，間道而至，懼壕塹之沮也[130]。

又西夏書事大中祥符八年十一月條：

> 初延慶二州熟戶其親族在西界輒私致音問，潛相貿易，夏人因以為利[131]。

可見這種走私，東起麟府，西至環慶，所在多有。或由宋人潛赴西境販易，或由夏人私入宋邊。這種情況雖為宋法所不許，惟以利之所在，生活所迫，無法禁絕，而且猖獗日甚一日。到仁宗時，禁法已成具文，「官吏疏慢，法禁日弛，夏人與邊民貿易

---

[129] 長編卷七十二，頁十六。
[130] 長編卷七十一，頁十。
[131] 西夏書事卷十，頁二。

日夕公行。」⑫

　　平常時期固然如此，一旦兩國衝突，宋廷每關閉榷場，斷絕法定貿易，此時私市更為猖獗，奸商往來，物貨叢聚，夏人因以為利，並在夏國境內，衝要之處，形成走私商場。如慶曆年間的金湯白豹如市，即其一例；長編慶曆二年正月壬戌條載范仲淹奏：

　　　　在延安慶陽之間，有金湯白豹之阻，本皆漢寨，沒為賊境，……為蕃漢交易之市，姦商往來，物貨叢聚。此誠要害之地⑬。

又如折薑會和市也存在很久。西夏書事云：

　　　　折薑會距環州永和砦一百二十里，本屬中國，自元昊時，據為和市處⑭。

　　這種因走私而繁榮的商場聚落，以其多位於要衝，又為蕃漢聚集之處，故每成宋軍突擊破壞之目標。如宋將种古於熙寧元年，「破折薑會，斬首二千級」⑮。金湯白豹和市，范仲淹亦請朝廷「乘虛取之」⑯；至熙寧三年（西元 1070 年），卒為知慶州

---

⑫右書卷十九，頁十六。
⑬長編卷一三五，頁二。
⑭西夏書事二十二，頁四。
⑮宋史卷三三五，种古傳，頁四。
⑯長編卷一三五，頁二，慶曆二年正月壬戌。

李復圭遣別將所破⑬。

　　宋廷管制貿易，甚至封閉榷場，停止互市，本有控扼西夏物資，約制其交涉態度迫使就範的用意。由於民間私市，依舊能夠通販有無；因此，在積極交涉期間，為求有效馭制夏人，武力之外，嚴厲禁絕走私，遂成必要措施。如仁宗嘉祐時，西夏權臣沒藏訛龐侵耕屈野河，不聽約束，宋廷詔嚴禁私市，邊臣至將犯者就地處決，于是兩界凜然⑱。熙寧二年（西元1069年），夏人受冊不謝，涇原路經略使葉挺又奏請朝廷「嚴行禁止熟戶與西人私相博買，仍乞差提點刑獄朝臣分路沿邊州軍按舉，從之。」⑲神宗並曾下詔「自今有違者，經略司及官吏同罪，能告捕者賞之，由是私販遂絕。」⑳另外又專設「與化外人私相貿易罪償法」以便應付㉑。民間走私，竟至必須官吏連坐，專立法條始能禁絕，其情況之嚴重可知。但是宋廷這種嚴厲措施所收的效果仍然是很有限的。據宋會要，熙寧四年十月，神宗詔：

　　　　近雖令陝西河東諸路止絕蕃漢百姓，不得與西賊交易，聞止是去冬及今春出兵之際，略能斷絕。自後肆意往來，所在無復禁止。可申明累降指揮，取下逐路經略司遵守施行㉒。

⑬長編卷二一四，頁九，及宋史卷二九一，頁十七，李復圭傳。
⑱司馬光、溫國文正司馬文集卷五十，「論西夏劄子」。
⑲宋會要，食貨部，卷三十八，頁三十一。
⑳西夏書事卷二十二，頁七。
㉑同㉒。
㉒同⑱。

哲宗元祐元年（西元1086年），右正言朱光庭亦報告：

> 累降指揮下陝西河東路經略司，禁止邊人不得與夏國
> 私相交易，訪聞私易殊無畏憚。詔將官及城寨使臣覺察，
> 違者治之⑬。

由此可知宋廷對西北走私貿易雖三令五申，乃至官吏連坐，實行告賞，力求禁絕，以配合對夏政策，也只能略為收效一時；不但無法做到弊絕風清，而且依然「肆意往來」、「殊無畏憚」。

宋夏邊境走私貿易之猖獗，主要原因當為商業交易的需要無法滿足。貿易之榷場而論，僅有保安軍、鎮戎軍兩處。德明曾請增設，宋廷不許⑭，夏人自行設場，宋方則禁商民前往貿易，並制止建場⑮。故民間不得不越界私市。再者，這少數的法定貿易場所因為宋夏常起衝突，又屢遭封閉。從景德三年，和議成立以降至北宋末年，有史料可稽者，即有六次禁止公開貿易，其封閉時間自一年至二十餘年不等⑯。合法貿易既遭禁絕，更只有犯禁

---

⑬宋會要，食貨部卷三十八，頁三十五。

⑭長編⑰，頁一。

⑮西夏書事卷十，頁二，大中祥符八年十一月。

⑯吾人據宋會要，長編，宋史及有關記載加以查考（擬於另文討論），宋禁對夏和市有六次：

　　㈠寶元二年禁，至慶曆六年再通。

　　㈡嘉祐元年禁，至八年恢復。

　　㈢治平三年禁，次年恢復。

　　㈣熙寧二年查禁，至九年恢復。

　　㈤元豐四年禁，至元祐元年恢復。

　　㈥元祐六年禁，至宣和元年恢復。

走私一途。尤其嘉祐元年（西元 1056 年）至北宋末年（西元
1126 年），七十年間，合法貿易停閉之期計達四十七年之久。故
私市特別嚴重。貿易品方面，禁制亦多；如青白鹽為西夏主要產
品，以資交換漢界穀糧，自太宗至道元年即已全面禁止入境，而
夏境所需要之穀糧又嚴禁出口(140)。至於銅、鐵及其他可供製造軍
械之物資更不許販易化外(148)。到神宗熙寧八年，宋重開和市，只
令「弛銅錫以市馬，其纖縞與急須之物仍禁」。則雖然銅禁暫開
(149)，但夏人所需的大宗紡織品及茶葉竟皆不准交易，貿易範圍之
偏狹較前更甚。走私猖獗自屬必然矣。

其次，宋夏邊境蕃漢雜居，國境又無高山巨川為明顯分界，
故邊民私越國界，潛行販易，也難以防制。如西夏書事大中祥符
八年十月：

> 初延慶二州（蕃民）熟戶，其親族在西界輒私致音
> 問，潛相貿易(150)。

這種宋境羌民與西界的來往私販，確是宋夏走私的一大根
源，宋廷雖嚴行禁止(151)，卻殊難收效。甚至邊吏也利用這種機

---

(140) 長編卷四十二，頁十二，並參見拙著「宋夏關係中的青白鹽問題。」（食
　　貨復刊第五卷第十期）
(148) 銅鐵在太祖開寶三年便已立禁「不得闌出蕃界及化外」（宋史卷一八五食
　　貨志，坑冶，頁十一）銅鐵錢出境之禁尤嚴，私漏「錢千，為首者抵死」
　　（宋史同卷頁六）。
(149) 宋銅禁在神宗時一度解禁，但只維持十二年，再告禁止。（見宋史卷一
　　八〇，食貨志，錢幣，頁十）
(150) 西夏書事卷十，頁二。
(151) 宋會要，食貨部卷三十八，頁三十一。

會，參與牟利。宋史食貨志載：

> 元昊反，即詔陝西河東絕其互市……後又禁陝西並邊
> 主兵官與屬羌交易[152]。

西夏書事，慶曆五年二月亦云：

> 邊吏亦與慶羌交易[153]。

由於邊吏牽涉走私，更使查禁工作複雜與困難，所以在神宗時，頒行官吏連坐及告捕之法：

> （神宗詔禁私市）自今有違者，經略司及官吏同罪，
> 能告捕者賞之[154]。

但因積重難返，這種措施實亦只能收效於一時而已[155]。

至於走私重要貨品方面，最主要的入宋私貨當為青白鹽。西北池鹽的生產，唐時即已有之，以烏、白兩池鹽為著，大量供應關陝民食[156]。五代時，則於慶州置榷鹽務，專稅青、白池鹽[157]。

---

[152]宋史卷一八六，互市舶法，頁二十三。
[153]西夏書事卷十八，頁一。
[154]上書卷二十二，頁七。
[155]參見宋會要，食貨部卷三十八，頁三十一，頁三十五。
[156]元和郡縣志卷四，頁九十八。
　（鹽州五原縣）有烏白池出鹽。
　又舊唐書卷四十八，頁二十四：

宋初，夏境羌人仍以池鹽與邊民交易穀麥，是夏境蕃民重要生計。太宗淳化年間，為對付李繼遷的叛亂，用陝西轉運副使鄭文寶之議，嚴禁蕃鹽入境，私市者死，欲以困扼繼遷族黨。而以山西官營之解池鹽接替民食之需，兼可增加政府收入。結果導致「戎人乏食，相率寇邊」，「內屬萬餘帳亦叛」[158]。使繼遷勢力更加膨脹。為此宋廷僅行數月即命解禁。但由於繼遷依然叛擾，至道初年，太宗再下令禁止，並減解鹽之價，以加強效果[159]。

宋廷雖嚴禁青白鹽入境，但因接替民食的解鹽在品質與價格上，皆無法與之競爭，故青白鹽之走私遂大為猖獗，且歷久不衰。鄭文寶再禁青鹽，不到一年，虧解鹽歲課二十萬[160]。這就是解鹽不行於關隴，而青鹽依然通行之說明。所以，真宗咸平中，度支使梁鼎也報告：「邊州軍少客旅貨賣，頗令遠郡難得食鹽，漸致邊民私販青鹽，干犯條禁。」[161]仁宗慶曆初年，韓琦更指出：「自來沿邊屬戶與西界蕃部交通，為常大率以青鹽價賤而味甘，故食解鹽者殊少，邊臣多務寬其禁，以圖安輯。惟漢戶犯者坐配隸刑曾無虛月。」[162]而宋會要載仁宗天聖時，曾特詔：

　　　犯青鹽罪，加役流者，選堪披衣甲，配為軍[163]。

元和五年五月，度支奏，鄜州、邠州、涇原諸將士請同當處百姓例，食烏白兩池鹽。

[157]詳見五代會要，卷二十六，頁三二一（世界書局本）。

[158]宋史卷二七六，鄭文寶傳，頁十一。

[159]宋史卷二七六，鄭文寶傳，頁十三，及宋太初傳，頁八。

[160]宋史卷二七六，鄭文寶傳，頁十三。

[161]宋會要，食貨部卷二十三，頁二十八。

[162]上書同卷頁三十八。

罪犯多到可選強壯充軍旅，私販之盛，可以想見。

由於青鹽私販猖獗，不但破壞法禁，更嚴重減損國營解鹽的銷路，直接影響政府的收入，所以宋廷曾多方設法打開困局。慶曆八年（西元 1048 年），命范祥為陝西提點刑獄兼制置解鹽事，一面屬刑嚴罰禁民購食青白鹽，一面官府自行糶售解鹽，消除邊民無鹽可食之困。結果仍是「官鹽估貴，土人及蕃部販賣青白鹽者益眾，往往犯法抵死而莫肯止。」[164]仁宗不得已，稍寬其法，將死罪者改配海島[165]。嘉祐年間（西元 1056-1063 年），因「商販青鹽，往來如織」，仁宗又命薛向為轉運使，平解鹽價，以期改善[166]。但情勢依然，如文潞公集載：

> （熙寧二年，文彥博）因言西界不稔，斛食倍貴，大段將牛羊青鹽等物私博斛斗入番[167]。

又宋史食貨志載徽宗政和時：

> 夏人茶山鐵冶既入中國，乏鐵為器，間以鹽易鐵錢於邊[168]。

---

[163]上書刑法部卷四，頁十六。
[164]宋史卷一九六，食貨志，頁十六。
[165]宋會要，食貨部卷二十四，頁一。
[166]西夏書事卷二十，頁四。
[167]戴錫章西夏紀卷十四，頁十一引。
[168]宋史卷一八五，坑冶，頁十八。

　　青鹽私販猖獗，相對的，解鹽銷路也無法打開。真宗大中祥符末年，積鹽達五億四千四百餘萬斤，仁宗時，積累更嚴重，屢次被迫宣告停產[169]。就由於青鹽禁而不止，解鹽難以推銷，犯者滋眾，宋臣也有主張開放青鹽，准許入口者，西夏方面更曾屢次在和議時，請求放行，但宋廷終因考慮解鹽的銷路與財政收入的立場，沒有開放青鹽之入口[170]。

　　其次穀糧亦為走私的要項。夏境限於地理條件與羌族傳統經濟型態，故農耕較少，向「用池鹽與邊民交易穀麥」，鄭文寶既禁青鹽；為制服李繼遷，遂也斷絕穀糧的出境。這種政策北宋歷朝皆沿用不變，因此也如青鹽入宋一樣，以走私途徑流入夏界。宋方也沒有辦法加以禁絕。只有在雙方衝突嚴重時，宋廷會特別申令禁止。如嘉祐二年，西夏權臣沒藏訛龐侵耕屈野河，不聽約束，仁宗下詔：

　　　　西人如驅馬於邊，私糴民穀，令所在禁絕之[171]。

　　又如神宗初立，种諤取綏州，宋夏關係陷入低潮，熙寧二年，文彥博又請嚴申禁令，斷絕私糴：

　　　　（文彥博）因言西界不稔，斛食倍貴，大段將牛羊青
　　　　鹽等物裏私博斛斗入蕃，不惟資假盜糧，兼妨沿邊及時計

[169] 宋史卷一八一，鹽法，頁十三。
[170] 詳細參見前舉拙著。
[171] 長編卷一九一，頁三。

置。令欲再下逐路經略安撫司依累降指揮施行⑰。

　　宋人禁止穀糧通市，除造成邊界走私外，也刺激了西夏農耕的發展。咸平間，繼遷已注意水利，西夏書事：

　　　　夏州自上年不雨，穀盡不登，至是旱益盛，繼遷令民
　　　　築堤防，引水灌溉⑱。

　　尤其靈州、興慶一帶，有西套之稱，土地平曠，黃河穿行其中，灌溉較便，更是夏國農耕中心⑭，元昊定兵制，亦規定「若脆怯無他技者，令往守肅州，或遷往河外耕作。」⑮在經濟型態上，西夏農耕重要性日漸提高的另一表現，就是夏人在邊界爭執中，已漸重視耕地的爭奪分割。如訛龐侵耕屈野河西地，即因「知河西田腴利厚」故「令民播種，以所收入其家，東侵不已。」⑯此事件，雙方爭執數年，宋廷為之禁絕和市，直到訛龐被殺，始於嘉祐六年，完成劃界。

　　其他之重要物資如銅鐵金屬，宋初已嚴禁出界⑰，鐵因夏境自有生產，品質頗佳⑱。足供所需。銅則除神宗時，曾經開放禁

---

⑰同159。
⑱西夏書事卷七，頁八。
⑭上書卷二十，頁七。
⑮宋史卷四八六，夏國傳下，頁二十三。
⑯西夏書事卷十九，頁十。
⑰宋史卷一八五，食貨志，坑冶，頁一。
⑱西夏紀卷七，頁二十六。

令十餘年之外[179]。其取得端靠走私。以其關係財政與國防，故仁宗時，再嚴令禁絕，「闌出銅錢視舊法第加其罪，錢千，為首者抵死。」[180] 又令「河北、河東沿邊州軍有以堪造軍器物鬻於化外者，以私相交易律坐之，仍編管近裏州軍。」[181]

當然，若在榷場和市斷絕，朝貢不通歲賜停止之時，除上述各貨外，夏境平常大量進口的紡織品及茶葉等，都會迅速騰貴[182]。走私所得，就成唯一來源。因此，這樣的時期，宋夏邊界的走私行為就特別猖獗[183]。

宋夏邊境走私之規模，雖然由於史料限制，難以進一步具體說明。但從前舉宋會要所載之全國商稅統計的陝西部分加以觀察，仍有助整體之瞭解。今將陝西兩路各州軍的兩次商稅資料統計列表比較如下：

陝西地區各府州軍商稅比較表（單位：貫）[184]

路名	府州軍名	舊統計稅額	次第	占本路稅額百分比	熙寧十年稅額	次第	占本路稅額百分比
永興軍路	京兆府	56,904	1	19.58	82,568	1	22.11
	河中府	33,672	2	11.58	31,012	3	8.31

[179] 宋史卷一八〇，錢幣條，頁十。
[180] 上書同卷，頁六。
[181] 宋會要，食貨部卷三十八，頁三十。
[182] 欒城集，卷三十九，頁三九八。
[183] 宋會要，食貨部卷三十八，頁三十一，熙寧四年十月，神宗詔。
[184] 資料來源同卷一二〇，但德順軍一條，宋氏標「未詳」，加藤氏則依宋會要云「未列額」。案宋史地理志卷八十七，頁十四所載，德順軍建置於（仁宗）慶曆三年，吾人前已考定舊額統計於真宗後期。時未有德順軍，故應標為「未置」。

	陝州	30,006	3	10.32	42,505	2	11.38
	延州	21,760	5	7.49	26,451	6	7.08
	同州	13,380	11	4.60	24,964	8	6.69
	華州	23,149	4	7.96	29,446	5	7.89
	耀州	19,885	6	6.84	30,354	4	8.29
	邠州	14,445	8	4.97	17.642	10	4.72
	鄜州	8,809	13	3.03	8,737	13	2.34
	解州	12,862	12	4.43	25,514	7	6.83
	商州	13,579	10	4.67	20,264	9	5.43
	寧州	17,567	7	6.04	13,150	11	3.52
	坊州	5,417	14	1.86	5,256	14	1.41
	丹州	2,055	16	0.71	2,603	16	0.68
	環州	13,859	9	4.77	9,708	12	2.60
	保安軍	3,314	15	1.14	3,236	15	0.87
	合計	290,663		100	373,410		100
秦鳳路	鳳翔府	42,148	3	12.02	54,357	2	16.11
	秦州	63,381	2	18.08	92,658	1	26.87
	涇州	13,922	8	3.97	16,541	7	4.90
	熙州	（未置）			3,600	14	1.07
	隴州	21,362	6	6.09	19,965	6	5.92
	成州	94,632	1	26.99	9,265	11	2.75
	鳳州	30,843	4	8.10	51,370	3	15.22

岷州	（未置）			6,646	12	1.97
渭州	24,160	5	6.89	21,114	5	6.26
原州	7,781	12	2.22	10,601	10	3.14
階州	19,652	7	5.61	21,771	4	6.45
河州	（無定額）			（無定額）		
鎮戎軍	7,809	11	2.23	6,369	13	1.89
德順軍	（未置）			14,587	8	4.32
通遠軍	（未置）			10,604	9	3.14
乾州	12,614	9	3.60	（廢）		
儀州	8,054	10	2.30	（廢）		
廣成軍	4,073	13	1.16	（廢）		
開寶監	171	14	0.05	（廢）		
合計	350,502		100	337,448		100

　　上表是北宋與西夏主要接壤地區，永興軍路與秦鳳路的兩次
商稅比較統計。我們在表中仍可以發現，榷場所在地的保安軍與
鎮戎軍之稅額與同路各府州相比，皆極偏低，且呈衰減之現象。
保安軍在永興軍路商稅兩次統計中，皆只有三千餘貫，分別占全
路總稅額的百分之一點一四及零點八七。在全路十六州軍中，居
第十五位。鎮戎軍則只有六、七千貫，分別占秦鳳路總稅額的百
分之二點二二與一點八九，在全路參加統計的十四府州中，居第

十一與十三位。前面說過，商民入榷場貿易是要先行納稅的。因此，榷場所在州軍之商稅正可顯示貿易的榮枯。而這兩次資料都出自榷場貿易開通時期（真宗在位後期與熙寧十年）的統計。在這種情況下，作為宋夏主要國際貿易場所的保安軍與鎮戎軍竟只有如此微少的商稅收入。顯然在榷場進行的合法貿易甚為稀少，相對的，走私卻扮演著兩國民間商業交易的主要角色。同時我們也可看到，位居西北邊區交易要衝的秦州，商稅額卻高達九萬餘貫，甚至超過京兆府（長安）。而元豐年間（西元 1078-1085 年）總制秦隴邊務的李憲也曾報告：

> 蕃賈與牙儈私市其貨，皆由他路避稅入秦州⑱。

兩相對照，正說明走私商客規避榷場，逃稅越界，逕往大城市貿易。而秦州即因位處要衝，商旅四集，形成繁榮冠西北的盛況。

五、從走私貿易略論宋與遼夏之關係

依據以上論述，我們可以看出宋與遼夏邊界走私，主要都是雙方貿易需求不能滿足所造成的。但進一步分析，則仍有差異。不同的是宋遼之間，自澶淵之盟以後，榷場貿易甚為穩定，百餘年間，皆維持不斷。故宋遼走私，性質上是漏稅或販易禁制物品，如鹽、穀糧、馬匹等。但宋夏之間，法定的榷場貿易卻極不

---

⑱宋史卷一八六，食貨志，市易條，頁十二。

穩定。李繼遷叛宋建國期間不計；自景德三年，宋真宗與夏主德
明和議成立，開設榷場，以迄北宋末年（欽宗靖康元年）為一百
二十年（西元1006-1126）；互市停禁有六次之多⑱。貿易正常
通行者，僅得六十餘年。所以，夏人為生活之需，除正常時期走
私池鹽、穀糧之外，貿易停止時期，更須冒險私販絹帛、茶葉等
必須品。故對夏人言，走私比合法貿易更重要。如施昌言為環慶
路經略使，「亦禁私市，西人發兵壓境，昌言遣使問所以來之
故。西人言：無它事，只為交易不通。使者懼其兵威，輒私許
之，法遂壞。」⑱宋人對遼夏的貿易態度何以如此懸殊。我們須
探討宋與遼夏關係的差異，才能獲得瞭解。

　　原來宋自代周建國，承五代之教訓，對契丹之交涉已極戒
慎。太祖的帝國經營方針，即先向內求統一，對遼採取和守政
策，放任邊境貿易，避免生事，故關係穩定⑱。到太宗繼立，群
雄削平，又順利滅掉北漢，統一了關內，這才信心大增，一鼓作
氣，大舉伐遼，欲謀恢復燕雲。結果兩度受到重創，太宗甚至受
傷遁逃。宋人對付契丹的信心乃遭受無情摧毀，君臣多深懷恐
懼。長編，太宗雍熙四年正月條：

　　　　初曹彬及劉廷讓等相繼敗覆，軍亡死者前後數萬人。
　　緣邊創痍之卒，不滿萬計，皆無復鬥志；河朔震恐，悉料

⑱同⑭。
⑱溫國文正司馬文集卷五十，頁三八一。又據吳廷燮，「北宋經撫年表」
　（二十五史補編冊六）卷三，頁六十七，施昌言帥環慶，當仁宗嘉祐七年
　至英宗治平元年。（西元1062－1064年）
⑱詳見拙著「北宋對吐蕃的政策」。（臺灣師範大學歷史學報第四期）

鄉民為兵。……不敢禦敵，敵勢益振，長驅入深、祁，陷
易州，殺官吏，鹵士民。……攻不下者，則俘取村野子
女，縱火大掠。……魏博之北，咸被其禍，上深哀痛焉
[189]。

從此，和議盈廷。淳化時，宋已兩次求和未成[190]。真宗繼
位，更決心進行和議，恢復安定。表示「朕當屈節為天下蒼生。」
[191]而其作法就是動以「財利」[192]。故當景德元年，遼大入寇，直
逼黃河北岸之澶州，宋君臣大駭，真宗雖用寇準之議，親自渡河
抵禦，實色屬內荏。及和議展開，特許曹利用以百萬為代價，達
成和平；後得知以三十萬了結，真宗不禁喜出望外。到仁宗慶曆
二年，遼擺出敗盟南侵的態勢，宋廷依然以和為重，加歲幣二十
萬，解除危機。固然當時宋廷正與西夏處於戰爭狀態，為免兩面
受敵，不得不對遼委曲求全。但宋廷之所以不惜加幣，並用「納」
字以求了事，長久以來，宋人對契丹深懷畏懼，缺乏抗敵自信，
更是坐任勒索的心理因素。故負責交涉的名臣富弼力辭朝廷給予
的酬庸，指出「臣自知所幹北事，只是且救目下奔突之患，未是
長久安寧之策。」並承認「契丹委實強盛，兵馬略集，便得百
萬，來則無以枝梧」，請仁宗「益修武備，無忘國恥」[193]。其後

---

[189] 長編卷二十四，頁六。
[190] 遼史頁十三，聖宗本紀，頁二，此事宋史不載，但可想見乃宋人自諱其
　　事。
[191] 長編卷四十四，頁八，咸平二年四月乙巳。
[192] 右書同卷，頁十二，咸平二年四月丙子。
[193] 長編輯本卷一三七，頁十四，並參見姚從吾遼朝史（姚從吾先生文集二）
　　頁二四七。

以神宗變法的勇毅，王安石的執拗，當熙寧七年，遼威迫割地劃
界，君臣亦惶恐無措，接受遼人要求。安石僅以「將欲取之，必
固與之」二語聊為策勵而已[194]。

　　由於宋人深懼契丹，故對澶淵之盟所建立的和平關係甚為珍
重。不惜委曲求全，以謀維繫。因此，對兩國間之貿易關係也較
為重視，盡量保持安定，爭取好感。如景德二年，趙延祚建議
「自今榷場貿易稍優假之，則其下獲利，必倍欣慰。」[195]真宗遂
指示「契丹請榷場市易者，優其值與之。」[196]而且允許幽州民來
市麥種[197]。北界災歉，還撥粟賤糶以為助賑[198]。連商民走私販
易，造成商欠；官方也為北人調解清償[199]。神宗時，因需要馬
匹，在邊緣場買馬，北人多越界來賣，引起遼國抗議，宋方也停
罷買馬場以順其情[200]。要之，宋人因重視對遼之和平關係，故宋
遼榷場貿易得長期穩定，甚至對兩界走私，禁法雖嚴，執行也常
流於寬縱。

　　相對的，契丹方面，自建國以來，便已注意商利的爭取，太
祖阿保機在建國二年（西元908年）即已控制遼河下游海口，與
南唐貿易[201]。聖宗時，又築城戍守鴨綠江口，切斷女真與中原之

---

[194] 文獻通考頁三四六，頁二七一七。
[195] 長編卷五十九，頁十六。
[196] 上書卷六十，頁七。
[197] 上書卷六十八，頁二。
[198] 上書卷七十三，頁二十一。
[199] 上書卷七十八，頁六。
[200] 同[193]。

[201] 遼史食貨志卷六十頁一，並參見日野開三郎，「五代時期契丹與中國及
　　其海上貿易」（史學雜誌第五十二編，第七、八號）。

商業。澶淵之盟的次年，開設保州榷場以與女真、高麗貿易⑳。顯然遼人是要壟斷關外各部族與中原之貿易，以專其利。因此，遼人對於與宋的貿易當然也極為重視。所以宋初兩界貿易通行無阻，宋遼關係也甚安定。至太宗伐遼，嚴禁貿易，遂爆發了長期戰爭，最後聖宗南征，與宋訂立澶淵之盟，取得歲幣與貿易的許諾，重建和平。可見當契丹的經濟需求獲得滿足，他們並非樂於戰爭。因此，他們對宋遼貿易期望甚高，需要遠較宋方為殷切。所以聖宗之弟在澶淵之盟成立後，高興的接待赴遼宋商，表示「今與中朝結好，事同一家，道路永無虞矣。」非不得已，他們也不願毀棄這種關係。在雙方這種尊重盟約，維持和平的心理之下，宋遼貿易遂顯得長期穩定。甚而對一些違禁品的走私行為也傾向近乎姑息的態度了。這對當時的走私貿易自然也有助長作用。

至於宋夏關係方面，情況則大不相同。就西夏而論，在畜牧部族物資須求的驅策下，貿易態度與契丹相似，對商利的爭取甚為積極。李繼遷叛宋，到淳化三年（西元 992 年），因取得綏、銀二州，獲有地盤，故土部分恢復，即向宋廷上言「王者無外，戎夷莫非赤子、乞通互市，以濟資用」⑳。後來貿易再停，繼遷蕃部仍私置會場，誘邊民前往市易⑳。景德和議，夏主德明，除榷場貿易外，又要求歲賣青鹽，及貢使入京貿易⑳。再者，塞外

---

⑳ 日野開三郎，「統和初期，契丹聖宗之東方經略」（朝鮮學報第二十一、二十二號合刊）。

⑳ 西夏書事卷五，頁五。

⑳ 長編卷五十一，頁五。

⑳ 見本文第二節及第四節。

諸部至宋貿易，假道夏境，夏人亦從中徵取，以獲其利。如宋會要：

> （大中祥符六年）十一月，代州鈐轄韓守英等言：勾
> 當豐州蕃漢公事王文玉狀：當州進奏，鞍馬、藏才蕃部元
> （原）在黃河昊山前後，住坐去州約五百里，皆從趙德明
> 北界過往，並無人烟。兼於德明榷場內，每四（馬）納買
> 路絹一匹，大茶十斤，以此艱難，故少有至者[206]。

元昊時，奪取河西，掌握了中四陸路交通要道，對其無窮之
經濟利益更不肯放鬆。如松漠記聞云：

> 回鶻自唐末浸微，本（宋）朝盛時，有入居秦川為熟
> 戶者，⋯⋯甘、涼、瓜、沙舊皆有族帳，後悉麼于西夏，
> 唯居四郡外地者，頗自為國，有君長。⋯⋯多為商賈於
> 燕，載以橐它，過夏地，夏人率十而指一，必得其最上品
> 者，賈人苦之，後以物美惡雜貯毛連中，然所征亦不貲
> [207]。

夏人由於重視經濟利益，因此，在與宋交涉時，也常常為換
取財貨、貿易之利，而作政治上的讓步。如英宗治平三年（西元
1066 年），宋夏衝突於慶州，宋人停歲賜，禁和市，遣使問罪；

---

[206] 宋會要兵部卷二十四，頁十二。
[207] 洪皓，松漠記聞，卷上，頁三。

夏主諒祚為求歲賜與貿易的恢復，卒於次年閏三月，上章謝罪
⑳。又如宋神宗即位，用种諤之謀，奪取綏州，夏人不甘失地，
屢次寇擾宋邊，雙方關係緊張，宋廷乃拒絕西夏賀使入境，也禁
斷貿易⑳。到熙寧四年（西元 1071 年），夏人遣使要求歸還綏
州，恢復和平，宋廷不允⑳。次年，夏人請求劃界，而放棄了歸
還綏州的要求，宋廷才接納貢使，恢復了部分貿易⑳。熙寧八
年，西夏國母以和市未通，財用困乏，復以為請，神宗始令恢復
邊境貿易⑳。顯然，此次綏州事件，禍端之起，實由宋人，但面
對西夏的索討與寇擾，宋廷卻以禁絕貿易的嚴厲態度來應付夏
人，而夏人為換得貿易的恢復，最後也忍受了綏州的損失。讓宋
人獲得一次外交勝利，其商業意願之殷切於此可見。

　　對於貿易商利之爭取，雖然西夏與契丹相同，甚為積極。但
在宋朝方面，觀念與態度則完全相反。對宋人而言，西夏本是割
據陝北的羌族節度使區，為唐末藩鎮的殘餘。宋太宗乘削平群雄
的餘威，徵節度使李繼捧入朝獻地，其弟李繼遷叛走，二十年
間，利用宋遼衝突，竟逐漸坐大，形成一國。夏人既叛宋自立，
而宋軍不競，剿討無功，宋廷遂禁止貿易，以為制裁；但長久以
來的商業習慣與需要，並非朝夕可以斷絕，故走私盛行，效果不
大。到真宗時，卒以衷心厭戰，帝國不堪長期用兵；不得不採取

⑳宋史卷十四，神宗本紀，頁三，及長編卷二〇九，頁十一，治平四年閏
　三月甲申條。
⑳西夏書事卷二十二，頁七，及長編卷二一六，頁一，熙寧三年十月辛酉
　條。
⑳宋史卷四八六，夏國傳下，頁三。又西夏書事卷二十三，頁五。
⑳西夏書事二十三，頁十二。
⑳宋史卷一八六，食貨志，頁二十四。

對遼相同之策略，以歲賜及榷場和市換取西夏稱臣，恢復和平。
然而宋人以夏境偏狹，份乃屬藩，竟叛據西北，坐享歲賜，心實
不甘；故當景德和議將成，邊將仍有主張進討，「復河西為郡縣」
者[213]。只因真宗與德明都傾向厭戰息兵，宋夏和平與貿易得以暫
時建立；而其心理基礎實甚脆弱。故遇有糾紛，宋方動輒以高
壓態度，對付夏人，充分表現輕視的意味。如元昊欲稱帝，宋方
強硬派的嚴懲論即大為高漲；爭言「西夏小醜，可即誅滅。」[214]
故迅速斷絕和市，進入戰爭。神宗時，王韶亦力言西夏可取[215]。
王安石更十分輕視西夏；謂「今陝西一路，即戶口可敵一夏國，
又以天下財力助之，其勢欲除，亦宜甚易。」[216]神宗也表示「作
事固有次第，且當並力西事。」[217]朝廷如此，邊帥更多目無夏
人。如知慶州俞充「屢昌請西征」、「度如破竹之易。」[218]鄜延
總管种諤尤其誇誕，向神宗大言「夏國無人，（夏主）秉常孺
子，臣往持其臂以來耳。」[219]遂有元豐伐夏與永樂築城之役；雖
喪師累累，所獲有限，此後每當新黨執政，仍托言紹述，藉故興
兵。自哲宗紹聖四年（西元1097年）到徽宗宣和元年（西元
1119年），二十餘年間，宋三次開邊伐夏，兵連禍結，法定貿易
當然停頓。

　　除了戰爭期間，貿易終止之外，宋夏榷場互市之不穩定，還

---

[213] 西夏紀卷四，頁十一。
[214] 上書卷七，頁二。
[215] 宋史卷三二八，王韶傳，頁十九。
[216] 長編卷二三二，頁五。
[217] 上書卷二四四，頁十二。
[218] 宋史卷三三三，俞充傳，頁七。
[219] 上書卷三三五，种諤傳，頁六。

有一重要原因。就是宋廷與夏人糾紛交涉，常採和市馭邊之政策。原來中原政權一向認為邊塞畜牧部族的生活必須依賴中原物資。如果加以切斷，就可制其死命，如後周世宗對臣僚曰：「夏州惟產羊馬，百貨悉仰中國，我若絕之，何能為。」[20]宋太宗時，鄭文寶亦以為「銀夏之北，千里不毛，但以販青白鹽為命耳，請禁」。「繼遷可不戰而屈」[21]仁宗時，負責西事的龐藉說：「夏人仰吾和平，如嬰兒之望乳，若絕之，彼必自來」[22]。哲宗時，舊黨元老司馬光也有類似指論：

> 西夏所居氐羌舊壤，所產者不過羊馬氈毯，其國中用之不盡，其勢必推其餘與他國貿易。其三面皆敵人，鬻之不售。惟中國者，羊毛氈毯之所輸，而茶綵百貨之所自來也。故其人如嬰兒，而中國乳哺之[23]。

而侍御史井亮米更認定「西人仰吾和市以生，操縱在我，所以制其命。」[24]由於宋人有這種主觀認識加上輕視西夏的心理，所以每當發生邊界糾紛，便動輒以切斷和市來制裁或要脅西夏[25]。使宋夏榷場貿易更不穩定。

總之，宋廷除真宗朝外，常處心積慮，經營西夏。軍事失

---

[20]西夏書事卷二，頁十五。
[21]宋史卷二七六，鄭文寶傳，頁十一。
[22]西夏書事卷十九，頁十二。
[23]長編卷三六五，頁八。哲宗元祐元年二月壬戌。
[24]宋會要，刑法部卷二，頁四十。
[25]和市馭邊，可稽考者，嘉祐元年，治平三年，熙寧二年，元祐六年，皆以邊爭，禁斷和市。

敗，則以財貨誘和招撫㉖。及和平恢復日久，又因邊界忿爭，禁
絕和市，以為制裁。故宋夏正當貿易既偏狹又極不安定，致兩界
人民主要是以走私滿足交易之需要。

即因對宋貿易不能正常進行，甚至嚴重衝突時期，連走私貿
易也不易維持，西夏為獲取一些物資的供應，便只好忍受契丹的
剝削，從對遼貿易去設法。長編，慶曆二年十二月條載：

> （西夏教練使李）文貴自言：用兵來，牛、羊悉已賣
> 契丹，一絹之直為錢二千五百，人情便於和㉗。

徽宗政和年間，宋夏屢次爆發戰爭貿易止絕，夏人也有「惟
恃西北一區與契丹交易有無」，「滿目瘡痍，日乎庚癸」的感嘆
㉘。契丹有時既為夏境物資的最後供應者，影響所及，遂使夏人
更事遼唯謹。以致在西夏極盛的元昊、諒祚時代，雖曾兩敗契丹
大軍的攻伐，皆迅速恢復和好。因此，一般所謂遼、夏常聯結對
宋，就西夏立場而言，吾人應認識經濟因素有其重要意義。

其次，我們從宋廷對付走私貿易措施演變，也可看出宋廷對
外基本態度的變遷。太宗時期，方以削平割據餘威，經略邊塞。
故與遼、夏皆爆發戰爭。對違禁貿易者，制裁極嚴，「違者抵

㉖如范仲淹招誘元昊書云：
　大王如能……禮下朝廷，復其王爵……大王之國，府用或闕，朝廷每歲
　必有物帛之厚賜為大王助，四也。……又牛馬駞羊之產，金銀繒帛之
　貨，有無交易，各得其所，八也，……惟大王擇焉。（范仲淹，范文正
　公集卷九，頁七十六）。
㉗長編卷一三八（輯永樂大典卷一萬一千四百）頁二十五。
㉘西夏書事卷三十二，頁十三。西夏御史大夫謀寧克任疏文。

死」，北商南販，「所在捕斬之」。私市青鹽者亦「皆抵死。」到真宗時期，懲於軍事挫折，國力疲敝，衷心厭戰。故以財利貿易等條件恢復與遼夏之和平，此時與遼夏貿易興盛，對走私的防制處罰也趨向寬簡。如大中祥符時，帥臣報告邊民多帶貨物私往夏界貿易，建議行告捕之法；真宗表示：「聞彼歧路艱險，私相貿易，其數非多，今但準前詔。量加覺察可也。」⑳又乾興元年（西元 1022 年）更令將邊民「越北界市物刺配南州軍者放停，遞還本貫」⑳。神宗以後，實行變法圖強，對外又傾向積極，故處理走私犯罪又顯得嚴厲，特立「與化外人私貿易罪償法」以為應付，甚而採官吏連坐的辦法。同時因力圖西夏，對夏貿易禁多於通，範圍也縮小，只許「齎銅錫以市馬，其纖縞與急須之物仍禁」，走私的取締懲罰也就雷厲風行⑳。

六、結論

宋人承傳統觀念，認為塞外畜牧部族主產羊馬，生活物資必仰中原供應。因而把西北邊界貿易視為御夷的工具，和平時，以之親善籠絡，敵對衝突時，則禁絕以制敵。所以，處理邊境貿易不是根據民生經濟的需要，而是考慮國防或政治的利益。

北宋建國之初，致力統一內部，對遼、夏皆採和守籠絡的政策，放任邊民貿易。到太宗削平群雄，完成統一，乃北伐契丹、

---

⑳長編卷七十二，頁十六。
⑳上書卷九十八，頁二。
⑳宋史卷一八五，食貨志，互市舶法，頁二十。

西徵夏地，經營邊塞，與遼、夏先後爆發戰爭，邊境貿易禁止；違法之走私貿易隨之出現。真宗繼位，感武力無功，衷心厭戰，遂以歲幣與互市為條件，與遼、夏重建和平關係。分別在西（夏）北（遼）兩界設立榷場，進行國際貿易。但因宋人基於防夷、御夷的觀念，對貿易諸多限制；鹽、糧食等民生必須品皆禁止買賣，故交易需要無法滿足；加以宋與遼夏沒有顯明天然國界，河北邊境有兩輸戶存在，陝、甘則蕃漢雜居，造成邊民出入稽防困難，故西北走私依然存在，屢禁無效，猖獗日甚。

宋遼方面，因宋人戒憚契丹兵威，遼人則迫切期望與宋貿易，以得商利。故雙方皆慎重外交，維繫和平；榷場貿易長期安定。因而走私是以買賣違禁物資為主，流入遼境者有銅鐵、書籍及部份漏稅的紡織品，賣入宋邊者以鹽、穀糧、馬匹為大宗。由於遼稅較輕，故北鹽價廉，盛行於河北。為顧慮民情及契丹和好，宋廷壓抑了財稅收入的引誘，未將河北鹽區列為專賣。又因宋方將沿邊土地禁止耕種，致軍食補充不易，除行邊糧入中之法外，常就近便糴，北糧乃私運來糴。馬匹則因宋界馬產不足，故常在沿邊買馬，補充軍需。遼人也常違禁驅馬來售。可見走私竟有助宋人的邊防。但因遼境鹽、穀糧、馬匹大量私售入宋，就走私言，宋方實嚴重入超；雖然榷場貿易宋方有相當盈餘，但仍使宋錢逐漸流出，日積月累成為遼境通行的貨幣。宋則感受錢幣不足的困擾。

宋夏方面，因宋人不甘西夏境土偏小，以藩鎮離叛立國，卻長期抗衡宋軍，坐享歲賜；故對夏常懷敵意與輕視，雖開設榷場互市，但常在糾紛時斷絕貿易，壓迫夏人，甚至屢次進攻，企圖予以消滅。故宋夏衝突迭起，貿易頻遭禁絕，極不穩定。因此，

宋夏之間的走私不但漏稅與販賣禁物，也是法定貿易停止時，唯一的貿易機會。宋境物產走私入夏者，主要為糧食、銅鐵、茶葉、絲織品、麻布等。西夏輸出，則以青鹽、毛皮、牲畜為大宗。西夏所產之青鹽久已行銷陝、甘，宋人為制服西夏，並推廣國營解鹽之銷路，增加收入，極力禁止青鹽入境；但因青鹽品質較佳，價格較廉，解鹽無法競爭，嚴重滯銷，青鹽走私無法禁止，宋人禁青鹽的目的未能達成。

另外，以對付走私的態度來看，太宗時對外積極，為求制敵，處置走私極嚴，動輒處死。真宗時，恢復和平，處罰走私也較寬容。神宗以後，變法圖強，屢次對西夏、吐蕃用兵，取締走私又轉嚴厲。大致而言，宋人因受對外態度的影響，禁制走私時，顯然對夏嚴於對遼，戰時嚴於平時。

（本文原刊於《食貨月刊復刊》第十卷第十一、十二期　民國七十年二月）

北宋對西夏的
和市馭邊政策

一、引　言

　　北宋自太宗伐遼失敗，圖夏無功，此後即深受西北二敵之患；武力不振，成積弱之勢。至真宗時，遂被迫以財帛互市之利為籠絡，分別與遼夏訂盟約和。但澶淵之盟後，宋遼間雖有慶曆增幣與熙寧劃界兩次危機，皆以談判解決，雙方和平貿易維繫百餘年之久。而宋夏方面，情況卻大不相同，百餘年間，貿易時通時絕，軍事上更時和時戰，關係極不穩定。故宋夏間交涉之態度與政策頗值推究。蓋西夏原為陝北藩鎮，境土偏狹，竟叛宋自立，宋人無力武力制服，不得不以財貨爵祿之利，籠絡買和，靜邊息民；然心實不堪，圖夏之論乃時有所聞。同時宋人秉承傳統觀念，經濟上，深信戎夷必須仰賴中原物資以為生計，因此，宋人一向恃和市為武力之外的馭邊利器。政治貿易上對夏態度遂遠較對遼為強硬，爭端亦多。而宋人戰時固然禁絕互市以困夏人；平時遇有紛爭，亦常斷絕貿易以為制裁；當武力討擊無效，和市更為招撫夏人，收拾邊局的資藉。可見和市馭邊一貫為宋廷對夏和戰運用之所賴。本文之目的，便在究明宋廷對夏和市馭邊運用之概況與得失，及其在宋夏關係中的意義與影響。從而認識宋夏紛爭的特色與癥結。

二、李繼遷叛宋與西北蕃漢貿易的禁絕

西夏起源為唐末陝北之藩鎮，其族種為黨項羌，部族散居陝
隴北部一帶。族酋拓跋思恭因助討黃巢有功，唐室授為夏綏銀節
度使，賜姓李，後又晉爵夏國公，領有夏（今陝西橫山縣西）、
銀（陝西米脂縣西北）、綏（陝西綏德）、宥（陝西靖邊縣東）、
靜（米脂縣西）五州。世代相傳，歷唐末、五代，以至宋初。

由於西夏所領五州地處陝北、氣候乾燥，地形高亢，水源缺
乏，灌溉不易，農業發展很受限制；加以夏人族屬羌種，畜牧為
其傳統生業，故西夏經濟型態以畜牧為主。為改善物資生活，與
手工農業區的中原進行貿易，遂為夏人重要經濟活動。如後周世
宗曾謂：「夏州惟產羊馬，百貨悉仰中國。」①宋史鄭文寶傳也
說：「諸羌部落樹藝殊少，但用池鹽與邊民交易穀麥。」②。

西北這種蕃漢貿易原無特殊管制，直至宋初猶然。蓋宋代周
建國北有契丹強鄰，內有群雄割據，當時太祖與趙普採取以削平
關內諸雄，統一中國本部為先的方略③。為專力南方，對契丹強
敵乃至西北諸部皆採和守政策，維持邊境安定。既許契丹通和貿
易④；對夏州李氏也加意懷柔籠絡，命李彝興為太尉，特賜玉
帶，承認其世襲舊土的特殊地位。以安其心。而李氏方面，對宋

①吳廣成，西夏書事（黃文書局，史料續編）卷二，頁十五。
②宋史，卷二七七，頁十一。
③參見拙稿，北宋對吐蕃的政策，師大歷史學報第四期，頁一四二。
④詳見李燾，續資治通鑑長編（以下稱長編）輯永樂大典卷一二三○七，
　頁四，開寶七年十一月甲午條。頁七，開寶八年三月己亥條；頁十一，
　同年八月壬戌條。

廷也極為恭順；太祖即位，定難軍節度使李彝殷即奉表入賀，且避宣祖之諱，改名彝興，旋遣將助禦北漢兵於麟州；建隆三年（西元962年），又貢馬以助軍需；太宗伐北漢，夏主李繼筠亦遣兵渡河，以助軍勢⑤。即因宋夏雙方之親和關係，故兩界邊民交易甚為自由。如宋代專為陸界國際貿易而設的榷場，乾德二年（西元964年）首置於建安、漢陽、蘄口，以江南為對象⑥。北界直到太宗即位，將對遼貿易納入管制⑦，但西北方面，在李繼遷叛亂寇擾之前，迄無約束邊境貿易的記載。

宋夏間的親和貿易關係到太宗太平興國七年（西元982年），因西北政情之變動，遂告崩壞。是年，由於西夏宗族不協，節度使李繼捧自請率族入朝，宋廷乃詔徵李氏宗親赴京，遂獻五州之地。繼捧族弟繼遷不服，出走地斥澤，以興復為號召，數寇諸州；西北邊警頓起。時宋遼正面衝突，宋軍不競，無暇應付西北，繼遷逐漸坐大，銀夏騷然。宋人乃嚴關陝邊禁；端拱二年（西元989年）更詔罷沿邊互市⑧。欲以經濟窒息為制夏之計，於是久來蕃漢之自由貿易停絕。

面對李繼遷的叛擾，宋廷為收拾西北邊局，淳化二年（西元991年）曾授繼遷為銀州觀察使，賜姓名趙保吉，以其弟繼沖為綏州團練使，賜姓名趙保寧，次年且開放通市，以為安撫⑨。但

---

⑤詳見宋史卷四八五，夏國傳上，頁二。
⑥宋史卷一八六，食貨志，互市舶法條，頁十八。
⑦上書同卷，頁二十一。
⑧見皇朝（宋）編年綱目備要卷四。並參閱西夏書事卷五，頁五。
⑨據西夏書事，卷五，頁五，淳化三年夏四月條：保吉自婚契丹，歲時貢獻，悉取資於蕃族，財用漸乏，時陝西尚嚴邊禁，磧外商旅不通，保吉上言，王者無外，戎夷莫非赤子，乞通互市，以濟資用，太宗詔從之。

繼遷未以恢復綏、銀二州為滿足，故不久復叛。宋廷不得已，嚴禁夏境特產青白池鹽入界及邊民互市，為經濟封鎖之計。宋史食貨志云：

> 青白鹽出烏白兩池，西羌擅其利，自繼遷叛，禁毋入塞，未幾罷，已而復禁⑩。

青白鹽之初禁，經考定其時間在淳化四年（西元 993 年），再禁則在至道元年（西元 995 年）⑪。至於其他貿易，大約也在這時遭宋廷禁止。所以咸平五年（西元 1002 年），宋廷有重申禁約，將嚴懲私行貿易的事⑫。

經濟封鎖之外，宋廷也曾用兵，大舉進討，而繼遷避免與宋軍主力決戰。力絀則入沙漠，請罪乞降，力量稍復，則攻圍州砦，劫奪糧運，故宋師進勤，不易收到打擊效果。終太宗之世，依然寇邊不已。真宗即位（西元 997 年）以厭戰息民、改採綏靖羈縻之策，命繼遷為夏州刺史、定難軍節度使，復領夏、銀、綏、宥、靜五州，期弭兵禍。但繼遷依然不滿足於故土的恢復。勢力擴張之後，野心更大，寇擾益甚，咸平五年，攻陷西北重鎮靈州，又破西涼府（甘肅武威）；與回鶻、吐蕃爭奪河西。宋人

---

⑩宋史卷一八一，頁十八。

⑪青白鹽之禁，詳見拙稿：宋夏關係中的青白鹽問題。食貨月刊復刊第五卷第十期，頁四六二。

⑫長編卷五十一，頁五，咸平五年正月甲子條有云：

陝西轉運使劉綜言：訪聞遷賊蕃部於赤沙、橐馳口各置會場貿易，深慮誘熟戶叛渙，請令本路部置，潛畢討之。上曰，……宜先諭民以條約，如有違者，即嚴譴之。

制裁無策，任其猖狂。幸而繼遷乘西涼之勝、進攻吐蕃，中吐蕃大酋羅支詐降之計，大敗中流矢而死⑬，致此宋夏關係乃呈現另一局面。

三、德明受撫與宋夏榷場貿易的展開

繼遷既卒，子德明繼立，宋廷本罷兵息民之既定政策，命向敏中為鄜延路緣邊安撫使，積極招納德明⑭。西夏方面，連兵已二十年，亦亟須休息，如長編咸平六年九月壬辰：

> 夏州教練使安晏與其子守正來歸，且言賊境艱窘，惟劫掠以濟，……常不聊生⑮。

故繼遷臨卒，已遺囑命德明歸宋⑯。德明亦曾告誡其子元昊曰：「吾用兵久矣，終無益，徒自疲耳。」⑰雙方既皆有罷兵就和之意，遂於景德二年四月展開和議。真宗初許德明以定難節度使，爵西平王，賜金帛緡錢各四萬，茶二萬斤，給內地節度俸、聽回圖往來，及開放青鹽之禁等五事；而令德明歸還靈州、遣子弟入質、送回陷虜官吏等七事。但德明不願以子弟入質及歸還靈

---

⑬參見宋史夏國傳上，頁八；及長編卷五十五，頁四，景德元年正月條。
⑭戴錫章、西夏紀卷四，頁三，引西夏紀事本末。及長編卷五十六，頁十一，景德元年五月甲申條。
⑮長編卷五十五，頁十。
⑯宋史卷二八二，向敏中傳，頁十九。
⑰同⑭。

州⑱。折衷經年，由於真宗一意趨和，終在次年，以德明不納靈州，不遣子弟入質，但也放棄青鹽通市及回圖往來而告定議⑲。於是繼宋遼澶淵之盟後，宋人又一次以財貨籠絡解決了另一場戰爭。宋夏和平重建，而雙方貿易也重獲轉機。

真宗與德明議和期間，除青鹽及回圖使問題外，未談及其他貿易事項。但隨著和平的實現，夏人基於需要，立即爭取重開貿易。景德三年（西元1006年），德明已因入朝請俸之便，市易京師⑳。次年春，更正式請准進奉使至京師貿易㉑。緊接著於是年秋，提出邊界通市的要求，當即獲得真宗的允許，並規定了交易的品類：

> 德明請置榷場於保安軍，許蕃漢貿易，朝議從之，令以駝、馬、牛、羊、玉、氈毯、甘草，易繒、帛、羅、綺；以蜜臘、麝香、毛褐、羱羚角、碙砂、柴胡、蓯蓉、紅花、翎毛易香藥、瓷漆器、薑桂等物，其非官市者，聽與民交易㉒。

大致是以絲織品及南方特產、瓷漆器等交易夏境之畜產及山林特產。至此宋夏貿易破壞近二十年之後，獲得恢復。

從德明歸順到元昊稱帝（景德三年，西元1006年至仁宗寶

---

⑱宋史卷四六六，張崇貴傳，頁二十。
⑲上書同卷，頁二十一。
⑳長編卷六十四，頁九、頁十。
㉑長編卷六十五，頁六，景德四年三月癸丑。
㉒宋史卷一八六，食貨志，互市舶法，頁二十三。

元元年，西元 1038 年）三十餘年間，由於宋夏雙方皆為久戰息
兵，故宗藩之間，能維持長期穩定的和平關係，而貿易亦得順利
進行，日趨繁榮。這段時期實為宋夏貿易的全盛時期，貿易的場
所除京師貢市與保安軍（陝西保安縣）榷場之外；在夏人爭取之
下，仁宗天聖年間，先後設和市場於并代路（河東）及於陝西增
設鎮戎軍（甘肅固原）榷場㉓。西夏方面，德明也曾自行在麟州
（陝西神木縣北）界之濁輪谷建立榷場，誘致商旅。但真宗即命
邊帥禁止蕃漢前往貿易，並阻止其建場工作㉔。顯然宋廷為掌握
貿易的控制權，故不願夏人自行設場，也不願宋境人戶越界互
市。

　　貿易貨品方面，夏人進口大宗為絲織品，出口大宗為畜產，
皆由宋朝官方經營交易。其他則限制頗多。如夏境重要特產青白
鹽被宋人禁止入口，而夏人所需之穀糧宋廷又禁止出口㉕，至於
可供軍事用途的銅鐵更懸為出境的厲禁，「不得闌出蕃界及化外」
㉖。仁宗時又重申：

㉓上書同頁有云：「天聖中，陝西榷場二，除保安軍外，另一榷場所在不
　明。但同條又云：「（元昊）數遣使求復市，慶曆六年，復為置場於保
　安、鎮戎二軍。」據此，大概天聖中，陝西兩榷場即為保安軍與鎮戎軍
　兩處。蓋文中「復」字顯為恢復之義。且若非前曾建置，宋人亦不大可
　能剛和議成立，就新增榷場。故汪伯琴先生大文「宋代西北邊境的榷場」
　（大陸雜誌第五十三卷第六期）中，將保安軍榷場說明謂，景德四年置
　「元昊反，廢。」於鎮戎軍則說：「仁宗慶曆六六（年），元昊稱臣，請
　置。」似有未妥。實則，鎮戎軍榷場初置於天聖中（元昊反前），保安軍
　榷場則元昊稱臣後曾恢復。
㉔西夏書事卷十，頁二。
㉕參見長編卷四十二，頁二；卷六十八，頁三；卷一九一，頁三，及西夏
　紀卷十四，頁十一，引文彥博，文潞公集。
㉖宋史卷一八五，食貨志，坑冶，頁十一。

河北、河東沿邊州軍有以堪造軍器物鬻於化外者，以
私相交易律坐之，仍編管近裏州軍㉗。

錢幣的出界，禁令更嚴，太祖時，私帶錢幣出界，「至二貫
者徒一年，三貫以上棄市，募告者賞之。」仁宗慶曆時更加重到
「錢千，為首者抵死。」㉘甚至連書籍之出口，也有嚴格限制。
宋會要有云：

> （景德三年）九月詔：民以書籍赴沿邊榷場易者，自
> 非九經書疏悉禁之，違者案罪，其書沒官㉙。

不過，宋夏間的貿易雖然場所少，禁限繁多，而基於需要，
兩界人民違禁走私卻頗為猖獗，且因此期宋夏關係安定，宋方對
走私行為也並未全力禁絕。如長編卷七十一：

> （大中祥符二年）環慶都鈐轄曹瑋發兵開浚慶州界壕
> 塹，趙德明移牒鄜延路鈐轄李繼昌言其事，蓋德明多遣人
> 齎違禁物，竊市於邊，間道而至，懼壕塹之沮也。朝廷
> 方務綏納，庚辰，詔瑋罷其役㉚。

㉗宋會要，食貨部卷三十八，頁三十。
㉘長編卷一八〇，食貨志，錢幣條，頁一、頁六。
㉙宋會要，食貨部卷三十八，頁二十八。
㉚長編卷七十一，頁十。大中祥符二年三月己卯。

又西夏書事卷十：

> （大中祥符八年）初延慶二州熟戶其親族在西界輒
> 私致音問，潛相貿易，夏人因以為利㉛。

這種走私行為，後來竟至，條例雖嚴，已成具文，「官吏疏
慢，法禁日弛，夏人與邊民貿易，日夕公行」的地步㉜。

總之，景德和議以降，三十年間，宋夏和平貿易，官私物貨
交流，改善了西夏部族生活，也促進了西夏漢化的程度。故德明
曾說：「吾族三十年衣錦綺，此宋恩也，不可負。」㉝史載亦稱
元昊嗣位時，西夏已聚「貨財無算」㉞。即元昊本人亦「曉浮屠
學，蕃漢文字。」㉟這顯然培養了西夏國力，而元昊能數年間，
席捲河西，稱帝建國，雄抗宋、遼，似即奠基於此。

四、慶曆和議與宋廷厲行和市馭邊政策

宋夏間經過三十年的和平貿易，到了明道元年（西元1032
年），德明去世，其子元昊繼位，宋夏關係即又出現危機。蓋元
昊黠武多智，政治野心亦大。未為太子時，已反對德明之利於貿
易而臣服宋朝。認為「衣皮毛，事畜牧，蕃性所便，英雄之生當

㉛西夏書事卷十，頁二，大中祥符八年十一月。
㉜上書卷十九，頁十六。
㉝上書卷十一，頁二。
㉞上書同卷，頁十一。
㉟宋史卷四八五，夏國傳上，頁十二。

霸耳，何錦綺為。」㊱又曾引兵西破回鶻，取甘州，重啟西夏對河西走廊的發展。嗣位後，遂不以賜姓為榮，自號嵬名氏，稱吾祖；又定服制，易年號，定官制，網羅人才。旋於景祐三年（西元 1036 年）再破回鶻，取瓜、沙、肅三州。至寶元元年（西元 1038 年），元昊更自行稱帝，國號大夏；並遣使於宋，要求「許以西郊之地，冊為南面之君。」㊲宋廷以其不禮，圖夏之議大起。

西夏以陝北之藩鎮，叛宋而立國，宋人以軍旅不振，又北受契丹威脅，致未能以武力制服，不得不以財貨爵祿為籠絡羈縻之計，但就帝國之德威體面而論，實甚難堪。故在對夏態度上，宋廷本不乏強硬之主張。如淳化五年，邊州報告繼遷攻圍堡寨，侵掠居民。太宗怒曰：

> 繼遷叛渙砂磧中十年矣，朝廷始務含容，……仍通關市，……可謂恩寵俱隆矣，乃敢如是，朕今決意討之㊳。

又如真宗與德明議和時，知鎮戎軍曹瑋亦力主出兵滅夏，長編卷六十三：

> 德明初請命于朝，瑋言繼遷擅河南地二十年，邊不解甲，使中國西顧而憂，今方其國危子弱，不即禽滅，後更

㊱西夏書事卷十一，頁二。
㊲宋史夏國傳上，頁十六。
㊳長編卷三十五，頁二。

盛強難制。願假臣精兵，出不意，捕德明，送闕下，復以
河南為郡縣，時不可失。朝廷方欲以恩致德明，寢其書不
報㉟。

到景德三年，以和議久不決，曹瑋與涇原儀渭都鈐轄秦翰等
又曾「各請出兵討賊」㊵。

另外，在經濟關係上，中原政權一向認為塞外畜牧部族之生
活物資仰賴中國供應，若予以切斷，彼等將無以自存。如後周世
宗說：「夏州惟產羊馬，百貨悉仰中國，我若絕之，彼何能為。」
㊶宋人承襲這種觀念，更將蕃漢互市視為對戎夷的恩寵，並以之
作為制夷的工具。相信若妥為運用，即可制服戎夷。故對李繼遷
叛亂，鄭文寶建言：「銀夏之北，千里不毛，但以販青白鹽為命
爾，請禁之。」「繼遷可不戰而屈」㊷因而宋廷先後禁止青白鹽
之入界與邊境互市。直到德明受撫，方始展開榷場貿易。於此，
我們可以看出，心理上，宋人對西夏之存在，有一種政治的不甘
心，而在經濟上，又有一種優越感。在這兩種心理交互影響下。
宋廷的對夏政經策略便顯得嚴厲而搖擺。當武力無法制服時，便
以貿易及財貨籠絡來善後，和平安定略久，又因忿爭，動輒禁
絕貿易，以為制裁，甚至用兵進擊，圖為一逞。這就是中期以
後，宋廷和市馭邊策略下，宋夏關係的型態。

元昊稱帝，宋廷朝議紛紜，時承平已久，天下全盛，故強硬

㉟長編卷六十三，頁四。
㊵上書同頁，及宋史卷二五八，曹瑋傳，頁九。
㊶西夏書事卷二，頁十五。
㊷宋史卷二七七，頁十一。

論者力主出兵，爭言西夏小醜可即誅滅。於是詔削元昊賜姓及官爵，嚴禁互市，揭牓於邊，募能生擒元昊及斬首來獻者，即以為定難軍節度使㊸。宋夏三十年和平貿易關係乃告斷絕，進入軍事對立的狀態。

宋夏衝突數年，元昊聲勢頗張，宋將劉平、任福葛懷敏相繼敗死宋廷曾塞雁門，備潼關以防緊急；並先後任用夏竦、韓琦、范仲淹、龐籍等經略陝西，充實軍需，力籌戰守，局面略安；但因耗用日繁，困於轉輸，已覺西事日艱：

> （任福之敗）將校死者萬三百人，關右震動，軍須日
> 廣，三司告不足，仁宗為之旰食㊹。

於是和議論復起。慶曆元年（西元 1041 年）張方平上言「願因郊赦，引咎示信，開其自新之路」仁宗也表示「是吾心也」並「敕邊吏通其善意」㊺，而其招誘西夏之條件，仍為互市與財貨之利；如范仲淹曾致書元昊，即以財貨通市之利，勸誘夏人棄戰言和，書云：……伏以先大王歸欵朝廷，……朝聘之使，往來如家；牛馬駝羊之產，金銀繒帛之貨，交受其利，不可勝紀；塞垣之下，逾三十年，有耕無戰。……大王如能……禮下朝廷，復其王爵，……大王之國，府用或闕，朝廷每歲必有物帛之厚為大王助，四也。……又牛馬駝羊之產，金銀繒帛之貨，有無交易，各得其所，八也。……惟大王擇焉㊻。

㊸參見西夏紀卷七，頁二、頁六。
㊹宋史夏國傳上，頁十七。
㊺宋史卷三一八，張方平傳，頁十七
㊻范仲淹，范文正公集，卷九，頁七十六。（商務印書館，四部叢刊本）

及葛懷敏敗沒，宋廷更決心謀和，命延州帥龐籍招納，籍乃遣被俘之夏酋李文貴還，謂之曰：「若誠能悔過從善，稱臣歸款，以息彼此之民，朝廷所以待汝主者，禮數必優於前。」[47]另外，宋廷又於對遼增幣交涉時，以銀絹十萬為代價，誘使契丹出面，勸諭西夏罷兵納款[48]。

西夏方面，雖然軍事佔優勢，但宋廷加強邊防，堅壁清野，並禁絕屬羌與界外之貿易，以行經濟封鎖。夏人以掠無所得，戰又無確定之結果，數年之間，亦已財用困乏，漸不能支，以和為便，如西夏書事云：

> （元昊）兵數入邊，得地不能據，軍民死亡，創痍過半，國中困於點集，財用不給，……一絹之直八九千錢[49]。

張方平，玉堂集亦云：

> 元昊為寇三年，雖常得逞，……而絕其俸賜，禁諸關市，民間尺布至直錢數百[50]。

可見夏人經過數年戰爭的破壞消耗，又貿易停絕，無從補

---

[47]長編卷一三八（輯永樂大典卷一二四〇〇）頁二十五。
[48]上書卷一三九，頁七，慶曆三年正月癸巳。
[49]西夏書事卷十六，頁九。
[50]見上書同卷頁十引。

充，其國內也已到物價飛騰，公私交困的地步，故夏酋也自承「人情便于和」(51)。

夏人雖有意棄戰就和，但因謀和主動為宋，故態度頗為強硬，如對宋自稱男而不稱臣，在貿易歲賜方面亦廣肆要求。後宋許冊封元昊為夏國主，歲賜絹十萬匹，茶三萬斤，置場貿易，並准進奉使入京朝貢市易(52)。交涉經年，而夏人雖允稱臣，又要求歲賣青鹽十萬石，及增歲給至三十萬，最後宋廷許增歲賜至二十五萬，餘不讓步(53)。至此和議形成僵局。但正當宋夏和議折衝不決之際，卻因元昊不滿契丹諭其向宋稱臣而自獲巨利，導致遼夏衝突，引起戰爭(54)，西夏為免兩面受敵，遂接受宋方最後條件。慶曆四年十二月，宋遣使入夏，行封冊之禮。於是十一世紀中葉，東亞內陸綿亙數年的戰爭，又在宋人財貨市利的賄買下，獲告結束。同時在這次和議交涉過程中，我們也可看出，貿易與歲賜等經濟利益實為爭執焦點。夏人著眼於財貨貿易的利益，故願在政治名義方面讓步，而索取更多經濟利益。宋人則藉貿易財利為外交的運用。來維持政治上的君臣名分。這是宋夏終能維持宗藩關係的要素。

慶曆和議中，西夏雖以政治名份的讓步，換取了許多經濟利益；但在宋人方面，卻由於財貨貿易的運用，收拾了西北邊局，使宋人以財貨貿易為御夷工具的觀念，再獲得一次效力的印證。

---

(51)宋史卷三一一，龐籍傳。

(52)長編卷一三九，頁七，及卷一四〇，頁五。

(53)西夏紀卷十，頁九，引五朝名臣言行錄；及西夏書事卷十七，頁七。

(54)參見陶晉生，「北宋慶曆改革前後的外交政策」，中央研究院歷史語言研究所集刊第四十七本第一分。

於是宋人爾後更進一步把它運用於平常糾紛的處理，動輒以絕歲賜、斷和市的辦法對付夏人，因而形成一貫的和市馭邊政策。在宋夏的政治與貿易關係中，更增加了不穩定的因素。

慶曆和議成立後，宋廷於慶曆五年如約開設榷場於保安軍及鎮戎軍，以通互市。中斷六年的宋夏貿易遂告恢復。到慶曆七年，又因河東劃界爭執，元昊表示「中國若肯通銀星和市，則（屈野）河西疆界一切如約。」宋廷以疆界既肯如舊，遂許增銀星和市[55]。夏人為增加貿易機會，再度於劃界中讓步，此又說明夏人利市中國之切。當然這種表現也更啟發了宋廷以和市馭邊的信心。

宋夏在慶曆和議後，維持了十年的穩定關係，到至和二年，夏酋沒藏訛龐侵耕陝北屈野河西岸，宋夏糾紛又起：

> 麟州西北枕睥睨，曰紅樓，下瞰屈野河，其外距夏境尚七十里。……天聖初，……轉運司奏為禁地，……由是河西為閒田。（西夏）諒祚立，中外事悉訛龐主之，知河西田腴利厚，令民播種，以所收入其家，東侵不已，距河僅二十餘里[56]。

知并州龐籍遣使交涉無效，要求更定疆界，亦「偃蹇不奉命」[57]。嘉祐元年（西元1056年）龐籍乃令禁河東銀星和市，以迫夏人：訛龐不肯立屈野河界，……龐籍戒官吏曰：夏人仰吾和市，

---

[55]西夏書事卷十八，頁九。
[56]上書卷十九，頁十。
[57]上書同卷，頁十一。

如嬰兒之望乳，若絕之，彼必自來，……乃懸榜於邊，禁絕銀星和市(58)。

但訛龐仍表強硬，甚至擊擒巡邊的宋官郭恩等。龐籍認為屈野河之侵，是訛龐所謀，若全面斷絕和市，則夏人當歸罪訛龐，然後可使受命。仁宗採其議，遂詔命並禁陝西和市(59)。同時為加強效果，又嚴禁私行貿易，「有夏人與熟戶犯禁，龐籍獲之，即斬於犯所，於是兩界凜然。」(60)到了嘉祐五年，訛龐迫於和市的需要，卒遣使議界。但只願還二十里於中國，故為宋人所拒(61)。訛龐則於鄜延沿邊開墾生地，剽掠人畜(62)，以為支持。但以和市不通，官民胥怨。次年，訛龐終為夏主諒祚所殺(63)。夏人為早日恢復貿易，迅即與宋劃定疆界，並申明如違禁約，宋廷即勒住和市。嘉祐八年，宋令恢復和市(64)。於此可見，宋人和市馭邊的策略已發揮無餘了。

訛龐事件剛解決不久，而英宗治平三年（西元1066年）宋廷又因諒祚寇掠慶州，勒停歲賜，禁止貿易，遣使問罪。當時大臣文彥博等頗顧慮會重蹈寶元年間，絕市致激元昊之叛的覆轍，韓琦卻認為：

---

(58)西夏書事卷十九，頁十二。
(59)宋史卷一八六，食貨志，互市舶法，頁二十三。
(60)西夏書事卷十九，頁十六。
(61)上書卷二十，頁四。
(62)長編卷一九二，頁十六，嘉祐五年十一月辛丑。
(63)宋史夏國傳上，頁二十二。
(64)劃界事見長編卷一九三（永樂大典卷一二四二八）頁九，嘉祐六年六月庚辰條。但宋史夏國傳述定界事在訛龐被殺前。今據西夏書事，誅訛龐在四月（該書卷二十，頁四）則在劃界前矣。至於和市再通，請參見西夏書事，卷二十，頁十四。

諒祚狂童也，非有元昊智計，而邊備過當時遠甚，亟詰之，必服(65)。

次年閏三月，夏人果上章謝罪。八月，宋廷亦准其再通和市，並嚴諭夏人：「今後不得信縱人騎，侵踐漢地，致射傷人命；及潛購下第舉人，逃背軍卒。」(66)

由上述可知本期宋廷初欲以武力制服元昊，其後因武力不振，長期戰爭，不堪損耗，又以財貨貿易之利收拾邊局，換取元昊稱臣。西夏方面，因重在互市與歲賜利益，故終於接納宋方條件。甚至為求增開和市場所，也在劃界交涉中讓步。這使宋人更確信以財貨貿易御夷之功效，故在訛龐侵耕屈野河及諒祚寇慶州事件中，皆以禁絕貿易作為懲置，夏人亦皆屈服受約束。顯示和市馭邊之效果。但這兩次事件，由於宋廷基本方針是要約束西夏，維持邊境安定，故在達成政策目的後，皆隨即恢復貿易。到神宗即位以後則不然了。

五　神宗伐夏與宋夏貿易的衰落

在宋廷和市馭邊政策中，最足表現宋人以優越經濟力量壓迫西夏屈服者，實為熙寧年間之綏州事件。蓋治平四年（西元

(65)宋史卷三一二，韓琦傳，頁六。

(66)宋史卷十四，神宗本紀一，頁三，及長編卷二〇九，頁十一，治平四年閏三月甲申條。又西夏紀卷十三，頁二十一，引西夏紀事本末。又宋史夏國傳上，頁二十三，第四行，謂諒祚謝罪在三月，然考其上下文，疑脫「明年閏」三字。

1067年）正月，英宗崩，神宗英年繼位，有意西北。是年十月，用知青澗城种諤之謀，誘脅夏酋嵬名山內附，乘機佔領綏州(67)。時值西夏幼主秉常初立，母后梁氏攝政，諸梁用事，憤綏州之失，遂屢窺宋邊，並拒謝封冊。神宗為制裁西夏，熙寧二年，特紹禁邊境貿易，並嚴令斷絕私市，違者官吏同坐，告捕者賞之；梁氏則入寇慶州，大掠人戶為報(68)。次月，西夏才遣使謝封冊，但又兵圍綏德（宋城綏州改名），企圖奪回(69)。而宋廷亦一再拒絕西夏賀使入境(70)。至此，由於种諤之挑起邊爭，已導至宋夏貿易全面斷絕，宋夏關係也到了破裂邊緣。

在這宋夏關係緊張之際，夏人的表現卻頗為剋制，且主動於熙寧四年遣使請和，但因要求歸還綏州，宋廷不肯接受(71)。到了次年，夏人不言綏州，唯請議定界至，宋人才接納西夏貢使(72)。恢復了兩國部分貿易。熙寧八年，梁氏又以邊境和市不通，財用困乏，請求復市。神宗才下令「鬻銅錫以市馬，其織縞與急須之物仍禁。」(73)是則兩國貿易雖獲再通，然其規模與範圍已無往昔盛況矣。

---

(67)宋史卷十四，神宗本紀，頁五，及卷三三五，种諤傳，頁五。

(68)宋史夏國傳下，頁一，西夏書事卷二十二，頁七。又長編卷二一〇，頁十三，熙寧三年，四月壬午條：詔累戒河東陝西諸路經略司禁止邊民私與西賊交市，頗聞禁令不行，自今有違者，……委轉運司覺察。

宋廷已累戒邊民私行貿易，顯然法定和市已先期禁止。

(69)宋史夏國傳下，頁二，及范祖禹，范太史集卷四十，頁八，郭逵墓誌銘。

(70)長編卷二一六，頁一；及西夏紀卷十四，頁十八。

(71)宋史夏國傳下，頁三。

(72)西夏書事卷二十三，頁十、十二。

(73)宋史食貨志，互市舶法，頁二十四，並參見西夏書事卷二十四，頁五。

我們就此綏州事件而論，禍端之起，實由宋人；但面對西夏的索討與騷亂，宋廷卻冒著決裂的可能，毫不顧惜既有之關係，以禁絕貿易的嚴厲態度來應付夏人。而西夏為換得貿易的恢復，最後也忍受了綏州的損失，讓宋人得到一次重大的外交勝利。顯然，夏人是經濟考慮影響了政治態度，因此不願將宋夏關係推進破毀狀態。相反地，宋廷對夏政策已顯露了積極進取的趨向，因而不惜衝突絕裂。此後宋夏關係遂更緊張多變，夏人雖願通和貿易，但已力不從心了。

宋廷對夏基本態度的轉變，其關鍵在神宗的即位。蓋神宗青年繼統，個性英銳奮發，恥於歷朝積弱，對外不振。故起用王安石，厲行變法，動機便在致國富強，重振華夏威靈。而西夏以陝北藩鎮，叛宋立國，宋人無力制服，僅能歲輸金帛，以買安寧，所以最為宋廷經略雪恥的目標。這種心理，在奪取綏州一事中，已表露無疑。後來神宗採納王韶的建議，進行略取吐蕃，其戰略目標也是在控有河湟，以便背擊西夏。宋史載王韶向神宗上平戎三策，略云：

> 西夏可取，欲取西夏，當先復河湟，則夏人有腹背受敵之憂。……武威之南至于洮河蘭鄯皆故漢郡縣，……幸今諸羌瓜分，莫相統一，此正可並合而兼撫之時也。諸種既服，（吐蕃）唃氏敢不歸，唃氏既歸，則河西李氏在吾掌中矣[74]。

---

[74]宋史卷三二八，王韶傳頁十八。

因此，神宗在熙寧四年，命王韶主洮河安撫使事，數年間，摧破吐蕃，築城設州，置為熙河路。主持變法的王安石也力贊其議，並曾告訴神宗，「今陝西一路，即戶可敵一口夏國，又以天下財力助之，其勢欲掃除，亦宜甚易。」⑮熙寧六年，神宗也表示：「作事固有次第，且當并力西事也。」⑯宋廷變法的宗旨與對夏的企圖已甚明顯。

即因宋廷正致力於經略吐蕃以為進圖西夏的準備，故宋人接受了西夏的讓步，結束了綏州事件，恢復朝貢與貿易的關係。並在此後十年之間（熙寧五年至元豐四年）維持了相當穩定的情勢。夏人恭順，宋廷亦能戒約邊吏，勿與夏人生事⑰。貿易範圍雖狹，仍維繫不墜。

宋既有圖夏之心，而元豐四年（西元1081年），西夏內訌，國母幽其主秉常，西夏統軍禹藏花麻請宋討梁氏，願舉族以應⑱，時熙河已拓，章惇亦平苗蠻，新黨聲威頗振；所以對此伐夏良機不肯錯過，鄜延總管种諤復向神宗進以大言，曰：

夏國無人，秉常孺子，臣往持其臂以來耳⑲。

神宗壯其言，決計用兵。是年七月，命李憲出熙河，种諤出鄜延，高遵裕出環慶，王中正出河東，劉昌祚出涇原，五路並

---

⑮長編卷二三二，頁五。熙寧五年四月丙寅。
⑯上書卷二四四，頁十二；熙寧六年四月丁酉。
⑰宋史夏國傳下，頁三、四。
⑱西夏書事卷二十五，頁三。
⑲宋史卷三三五，种諤傳，頁六。

進。慶曆年間所折衷建立的宋夏關係遂告破裂。

邊事糾紛每引起宋廷禁絕貿易以為制裁，此次神宋大舉伐夏，當然更全面禁斷和市，以絕夏人財用之源，其禁止之時間，史無明載；但哲宗時，蘇轍論西事狀云：

> 夏國頃自……先帝（神宗）舉兵弔伐，既絕歲賜，復禁和市⑧。

又據長編：

> （元豐六年十二月）據樞密院言，夏國尚未以時入貢，慮緣邊不能禁止邊人私與夏人交易。詔陝西、河東經略司申飭法令，毋得私縱⑧。

可見在元豐四年，隨著討伐軍事的展開，雙方貿易已同時遭到全面禁絕，才有元豐六年「申飭法令」嚴禁私縱之事。

宋師伐夏，夏人堅壁清野，絕宋糧道。十一月，高遵裕、劉昌祚軍圍攻靈州不下，夏人決渠灌營，宋師潰還，其他諸路亦無功而退。次年，神宗又用徐禧之議，築城永樂（陝西米脂縣西），夏軍二十萬來攻，城陷，將校兵役死者二十餘萬。總計用兵以來，宋僅得葭蘆、塞門等數寨及蘭州古城，而官軍夫役死者六十萬，錢粟銀絹軍資耗損不可勝計。神宗至臨朝痛悼⑧。西夏

---

⑧蘇轍，欒城集，卷三十九，頁三九八（台北商務印書館四部叢刊本）。
⑧長編卷三四一，頁十八。
⑧西夏紀卷十七，頁十。

方面，由於大規模戰爭方的破壞，貿易停頓，亦為之困敝。欒城
集云：

> （西夏臣宋）本利歲賜、貿易，每歲入貢，使者至
> 京，賜與之外，販易而歸，獲利無算。軍興以來，既絕歲
> 賜，復禁和市，羌中窮困，一絹之直至十餘千。橫山一
> 帶，又為宋沿邊諸將攻討，皆棄而不敢耕。窮守沙漠，衣
> 食並竭，老幼窮餓，不能自存⑧。

雙方既皆無意再戰，元豐六年乃復開和議。

　　元豐五年，西夏國母梁氏已上書於遼，求與宋和⑧時宋雖靈
州新敗，仍議西討，故態度強硬，梁氏亦未遣使入宋。至永樂城
陷，夏人再移書請和，神宗始諭答之⑧。次年，雙方和解休戰，
神宗並詔許復歲貢⑧，但夏人不甘諸砦之失，仍屢次擾邊，故貢
使僅元豐七年入宋一次，和市則未獲通⑧。直到元豐八年（西元
1085年）三月，神宗崩，哲宗立，太皇太后高氏臨朝聽政，厭
西師，罷新法，素主開邊的新黨章惇、呂惠卿等紛遭斥竄，傾向
持重撫邊的舊黨元老司馬光、文彥博、蘇轍等獲進用，宋夏關係
始告解凍。雙方遣使通問，宋並許以所得之米脂等四寨還夏⑧。

---

⑧同⑧。
⑧西夏紀卷十七，頁一。
⑧參見宋史夏國傳下，頁六一八。
⑧宋會要，蕃夷部卷七，歷代朝貢，元豐六年閏六月四日條。
⑧參見夏國傳下，頁九。及長編卷三五〇，頁三。
⑧長編卷三九〇，頁十八。

和市在宋廷綏撫夏人以罷兵息民的政策下，亦告恢復。至於恢復
的時間，案蘇轍論西事狀稱：

> （哲宗）統御四海，……遂敕諸道帥臣禁止侵掠，…
> …既通和市，復許入貢⑧。

又據宋史呂惠卿傳：

> 哲宗即位，敕疆吏勿擾外界⑨。

據此，則敕禁侵掠當在哲宗初立之元豐八年。又考夏國傳，
元祐元年（西元1086年）二月，夏「始遣使入貢」⑨。參酌上述
記載，許通和市應不出元豐八年或元祐元年。又宋會要載，元祐
元年正月，尚有申禁邊民私行交易之事⑨，故恢復和市的時間宜
以元祐元年為斷。

元祐初年，以宋廷政策重在撫邊，故一意罷兵趨和，貿易再
通，元祐四年又交割四砦於夏。舊黨諸臣以為邊事可寧，兵民可
息；但元豐伐夏，李憲曾取蘭州，西夏深感蘭州逼入其境，要求
宋方歸邊，而宋方以蘭州事關西北大局，在帥臣孫路、姚麟等反
對下，堅拒放棄⑨。夏人乃數攻蘭州邊堡，以為報復；元祐六

---

⑧欒城集卷三十九，頁三九八。
⑨宋史卷四七一，呂惠卿傳，頁十二。
⑨夏國傳下，頁九。
⑨會要食貨部卷三十八，頁三十三；唯此事長編卷三六四，頁二十五，及
　宋史卷十七哲宗本紀一，頁四，皆作二月。今從會要。
⑨宋史卷三三二，孫路傳，頁十六。卷三四九，姚麟傳，頁十。

年，更大舉入寇麟府，殺掠三日，焚蕩廬舍[94]，宋夏關係與貿易遂再現危機。蓋舊黨對外，雖傾向靜重撫邊，但他們對西夏國情的認識亦與傳統相同，認為財貨貿易是制夷馭邊的有效工具。如司馬光謂：

> 西夏所居氐羌舊壤，所產不過羊馬氈毯，其國中用之不盡，其勢必推其餘與他國貿易。其三面皆敵人，鬻之不售。惟中國者，羊毛氈毯之所輸，而茶綵百貨之所自來也。故其人如嬰兒，而中國乳哺之[95]。

至於輕鄙西夏如侍御史井亮米者更認定「西人仰吾和市以生，操縱在我，所以制其命。」[96]因此，當夏人屢索蘭州不得，憤而寇掠，宋廷忍無可忍，遂詔停歲賜，禁絕和市[97]。並用章棻淺攻撓耕之策，以困制西夏[98]。溯自元祐元年，和市再通，前後僅得六年。

元祐六年，宋既禁和市，貢奉亦絕，兩國關係破裂，宋環慶軍攻韋州，夏人亦寇綏德，衝突日烈。到元祐八年（西元1093年），宋太皇太后高氏崩，哲宗親政，舊黨范純仁、呂大防等皆遭罷去，新黨章惇、呂惠卿等重獲進用，對夏態度益趨強硬。尤

[94]西夏紀卷十九，頁二十二、二十三；長編卷四六六，頁一；及宋史卷十七，哲宗本紀一，頁十六。
[95]長編卷三六五，頁八。
[96]會要，刑法部卷二，頁四十。
[97]長編卷四七九，頁十二。
[98]長編卷四六六，頁六。

其知渭州章楶更言「夏人嗜利畏威，不有懲艾，邊不得休息，宜稍取其土疆，如古削地之制，以固吾圉」，「勢將自蹙」⑨。故紹聖（西元1094年-1097年）以後，諸路相繼進築，以扼要害。徽宗政和時，更用童貫總兵柄，悉秦晉銳師，深入討擊，兵連禍結，前後十餘年。宋人雖得橫山地，而宣和元年，統安城一役，劉法戰死，喪師十萬⑩。宋廷損失亦極重大。西夏方面，則互市久禁不通，境土日削，長年困於爭戰，國勢亦漸耗弱。而此時，契丹有女真之患，已無力援護西夏。夏人被迫於宣和元年六月，遣使向宋納款謝罪，宋則轉而進行聯金滅遼之謀，故許其約和⑪。此後宋專意於遼，夏亦衰落，故西北平靜，西夏貢使屢次入宋，維持了部分宋夏貿易⑫。但不數年，宋室南渡。西夏貿易交涉之主要對手已由金人取代。

　　要之，神宗以降，除元祐時期，宋廷政策較為持重溫和之外，其餘時間，主要由新黨主政，傾向開邊，對西夏採武力攻取之策，西師頻興，故貿易也長期禁絕，以為配合；自元祐六年禁止以後，即未再開通。朝貢次數亦大為減少，不絕如縷。夏人因互市久禁，累年爭戰，國勢衰落，以武力爭取貿易遂不可能。特別紹聖以後，更是「山界諸州，非侵即削，近邊列堡有戰無耕」，「滿目瘡痍，日乎庚癸」⑬所以，邊界雖仍有零星走私活

⑨宋史卷三二八，章楶傳，頁二十九。
⑩畢沅，續資治通鑑卷九十三，宣和元年三月條。
⑪宋史卷二十二，徽宗本紀四，頁二。
⑫宋史卷二十二，徽宗本紀四，頁四、頁十，及西夏書事卷三十三，頁七、頁十八。
⑬西夏書事卷三十二，頁十三。

動⑩，本期已是宋夏貿易衰落期了。

六、結論

綜合上述，可知宋人基於傳統觀念，對塞外戎夷有經濟上的優越感，認為戎夷之生存有賴中原物資；故將財利與貿易作為馭戎制夷的工具，而形成了和市馭邊的傳統政策。當李繼遷叛走，以興復為號召，寇擾西北，宋因受遼威脅，無暇全力對付，即禁絕宋夏蕃漢貿易以為裁制。到真宗時，既厭於兵戰，而西夏攻陷靈州，立國之勢已成，乃以互市及爵祿之利，招納德明，稱臣受撫，恢復了西北和平。展開了三十年安定的権場貿易。

但在另一方面，西夏原為唐末藩鎮殘餘，境土偏狹，竟叛宋立國，使宋人剿討無功，被迫財利買和，而夏人坐享貿易爵祿之利，故在政治上，宋人對西夏常有輕視與敵意的心理，不甘其存在，企圖期待機會，加以解決。所以到了仁宗中期，以天下全盛，而西夏經數十年休養生息，與中原和平貿易，國力增長，元昊稱帝自尊，宋廷之強硬論復告抬頭，又全面禁止貿易，欲加討擊誅滅。然而衝突數年，宋軍屢挫，元昊勢張，西北困敝，不得不再以財貨貿易之利，誘和西夏，並運用對遼外交以為配合，達成慶曆和議，貿易重開，和平恢復。

但是，由於歷次和戰交涉中，夏人皆表現了為經濟利益的爭取，願作政治讓步的態度，所以更加強了宋人和市馭邊政策的信心。爾後在夏屈野河劃界，諒祚寇慶州及种諤取綏州等糾紛事件

---

⑩宋史卷一八五，食貨志，頁十八。

中，宋廷皆以禁止貿易，停止歲賜為壓迫西人屈服的手段，而西夏也都以貿易歲賜為重，接受宋方的條件。形成典型的和市馭邊外交。

事實上，西夏不但常在爭執交涉中，以貿易財利為重，作政治的讓步。就是邊界爭端，往往也是由於經濟需求的驅迫，導致夏人擾邊劫掠而起。如真宗大中祥符時：

> 德明數請市鹽，私置権場不得，在國點閱兵馬，陰謀侵掠，……入寇慶州[105]。

又如司馬光文集載：

> （施昌言帥環慶）亦禁私市，西人發兵壓境，昌言遣使問所以來之故，西人言，無它事，只為交易不通[106]。

可見夏人雖有畜牧族慓悍善鬥的習性，但與中原貿易日久，仰賴中原物資日殷，若經濟需要能獲滿足，他們也願意和平安定，並非一味樂於爭戰。因此，宋人之和市馭邊策略，雖使宋夏貿易通絕不定，同時刺激了走私活動，然而卻已掌握到中原手工農業區與畜牧部族經濟關係的特性，故能發揮相當的策略效果[107]。

相對的，由於對夏輕視與敵意的心理，宋邊將吏卻每多貪功

---

[105] 西夏書事卷十，頁二。
[106] 司馬光、溫國文正司馬文集卷五十，頁三八一。
[107] 詳見本書頁二〇四附表。

生事，致而挑惹西人報復，這也是宋夏紛爭屢起，關係不穩定的要因。如真宗時，即曾因沿途官吏接待夏使簡慢，遭宋廷告誡[108]。到中期以後，這種情況更為嚴重。西夏記載熙寧年間：

> 順寧寨主田璟言：邊事之作未有不由熟戶者。平時入西界盜掔畜人戶，及夏人理索，卻反稱西人為盜，邊臣或未悉彼情，或妄希功賞，增飾事端，更致誅殺無辜，以挑邊釁[109]。

又長編載元豐元年：

> 上批：據高遵裕所奏，西人理索伊克等事，此必嘗有熟戶出界，因索不獲，遂於和市縱火，以擄一時之忿，深恐羌人酬賽，結成邊際[110]。

宋史夏國傳更載有：

> 元豐二年九月，綏德城把截楊永慶聲徹巡邊，而掩取蕃部首級，詐言斬犯邊人[111]。

於此，吾人應認識宋夏紛爭，起於宋人挑惹生事的情況也不

少。甚至可以說除繼遷之叛與元昊稱帝引起長期戰爭之外，平常操和戰主動者實為宋人。只是元豐代夏以後，僅元祐年間，舊黨主政，一度恢復宋夏和和平貿易，其他各朝皆一意圖夏，欲予吞滅。為配合軍事進討，貿易遂長期禁止。西夏則久戰之餘，僅能自保，以武力迫取和市已不可能，唯賴零星走私交易有無，宋夏貿易遂告衰落。和市馭邊也失其平時外交策略之意義。

要之，貿易在宋方而言，是政略與軍事運用的工具。而對西夏論，武力是手段，取得財貨互市之利，改善生活才是目的。在這種情況下，如果宋方不以圖夏為務，運用歲賜貿易以為籠絡，容許西夏稱藩納貢，則宋夏邊爭雖或難免，然而和平大體上應是可以維持的。但由於宋人之經濟優越感以及對夏人割據西北，坐享財利的不甘與屈辱感，形成對夏政策之搖擺多事。尤其神宗以後，新黨一意鋤，開邊圖夏，數十年衝突爭戰，雖奪橫山之地，夏人削弱，卻仍未能直搗朔方，進併河西。而童貫之徒竟以未能滅夏之疲師，妄行聯金滅遼之謀，終為新興之女真所破，演成靖康之難。史家曾言：「宋之為國，如約以和議而存，不和議而亡。」⑫鑒於宋人軍旅不振，此論實不為無見。

---

⑫趙翼，廿二史劄記（台北樂天出版社印行），卷二十六，頁三四三。

附表：為明瞭起見，今據考述所得，將宋廷對夏和市馭邊之始末
列表說明如下：

年代	宋夏關係	貿易狀況	備註
太宗太平興國七年 （西元982年）	宋徵李繼捧入朝， 繼遷叛走		
端拱二年 （西元989年）		宋禁西北邊民貿易	
淳化二年 （西元991年）	李繼遷受撫入銀州		
三年 （西元992年）		宋復通西北貿易	
四年 （西元993年）	李繼遷復叛	宋禁青白鹽，旋罷	
至道元年 （西元995年）	宋將李繼隆等將討繼遷	宋再禁青白鹽，絕貿易	
真宗咸平五年 （西元1002年）	李繼遷陷靈州		
景德元年 （西元1004年）	繼遷敗於吐蕃，受創死		澶淵之盟
三年 （西元1006年）	西夏德明納款		
四年 （西元1007年）		宋置権場貿易	
仁宗寶元元年 （西元1038年）	西夏元昊稱帝	宋禁互市	
慶曆二年 （西元1042年）	宋將葛懷敏敗死		宋遼增幣交涉
四年 （西元1044年）	元昊納款		

五年 （西元 1045 年）		宋重開榷場貿易	
至和二年 （西元 1055 年）	西夏訛龐侵耕屈野河		
嘉祐元年 （西元 1056 年）		宋禁和市	
六年 （西元 1061 年）	夏主諒祚殺訛龐與宋劃界		
八年 （西元 1063 年）		宋復開和市	
英宗治平三年 （西元 1066 年）	諒祚寇慶州	宋禁和市，遣使問罪	
四年閏三月	西夏謝罪	宋復開和市	
四年十月	宋种諤取綏州，夏人寇邊		神宗正月立
神宗熙寧二年 （西元 1069 年）		宋禁和市	
八年 （西元 1075 年）	夏人請約和通市	宋復許貿易	
元豐四年 （西元 1081 年）	夏內爭，宋五路伐夏	宋禁互市	
哲宗元祐元年 （西元 1086 年）	宋夏約和	宋復和市	舊黨主政
六年 （西元 1091 年）	夏請蘭州不得，大寇麟府	宋禁互市	
八年 （西元 1093 年）			新黨復起
紹聖四年 （西元 1097 年）	宋章楶破夏人於平夏		

元符二年 （西元 1099 年）	遼為夏請和		
徽宗崇寧三年 （西元 1104 年）	宋命陶節夫招誘進築		
五年 （西元 1105 年）	遼為夏請和		
政和四年 （西元 1114 年）	童貫總西事，大舉進討		明年女真阿骨打稱帝
宣和元年 （西元 1119 年）	西夏納款謝罪，宋詔罷兵	西夏入貢	

（本文原刊於《大陸雜誌》第六十二卷第四期　民國七十年四月）

從澶淵之盟對北宋後期軍政的
影響看靖康之難發生的原因

一、引言

　　澶淵之盟的訂立，結束了宋遼二十餘年的戰爭，並建立了長期穩定的和平，其關係重大，不言可諭。故對其形成的背景，訂立的過程，學者闡論甚多。至於它的影響，學者雖已論及真宗天書之作，宋代文治的確立，以及舊仇新恥激成聯金滅遼之舉等問題①；但除此之外，其他有待探討者，似仍不少。如宋史地理志載：

> 　　河北路，……有河漕以實邊用，商賈貿遷，芻粟峙積，……契丹數來侵擾，人多去本，及薦修戎好，益開互市，而流庸復來歸矣②。

　　可見盟約帶來的和平，使河北生民得以蘇息，社會安定，經濟繁榮。而尤可重視者，由於交涉經驗，宋人漸以遼廷於盟約歲

①參見程光裕，「澶州之盟與天書」，大陸雜誌二十二卷，第六、七期。一九六一年。張天佑，「宋金海上聯盟研究」，中國歷史學會史學集刊第一期，一九六九年。
②宋史卷八六，地理志，河北路，頁九。

幣，有利可圖，「唯欲無事，不敢倔強」。認為只要釁不我始，北界和平確有可恃。這種心理對北宋後期軍政作為顯然也產生重大影響。如河北邊防廢弛，新黨開邊西北等等。甚至金人犯京之際，景德一役，真宗親征禦敵，卒成和好的經驗，也成為欽宗留京應敵的直接啟示。而凡此種種，與靖康之禍的形成，實有密切關連。本文之作，目的便在就上舉各點加以考察，期能有助於瞭解澶淵之盟的得失，及其與靖康之禍造成的因果關係。

二、澶淵之盟與新黨之西北開邊政策

自太宗伐遼失敗，恢復燕雲的計劃擱置；又因李繼遷叛亂，圖夏無功；從此宋朝深受西北交困之苦，唯恐發生遼夏並侵的局面。如景德元年，李繼遷仍猖狂西北，而契丹大舉入寇，真宗勉強用寇準之議，渡河親征，但實「深念西鄙」③，衷心懍懼。因此，議和時，不惜重賂契丹，以求早紓北憂。長編景德元年十二月丁亥條：

> （曹）利用之再使契丹也，面請歲賂金帛之數，上曰：必不得已，雖百萬亦可。利用辭去，寇準召至幄次，語之曰：雖有敕旨，汝往所許，不得過三十萬。……利用果以三十萬成約而還。入見行宮，上方進食，未即對，使內侍問所賂。利用曰：此機事，當面奏。上復使問之曰：姑言其略。利用終不肯言，而以三指加頰。內侍入曰：三

③長編卷五八，頁四；景德元年十月乙未。

　　指加頰，豈非三百萬乎。上失聲曰：太多。既而曰：姑了
　　事，亦可耳。宮惟淺迫，利用具聞其語。及對，上亟問
　　之。利用再三稱罪曰：臣許之銀絹過多。上曰：幾何？
　　曰：三十萬。上不覺喜甚。故利用被賞特厚④。

　　銀絹三十萬，已與兒皇帝石敬瑭賂德光之數相同，而真宗甘
心以此十倍買契丹罷兵，宋人懼遼之甚，與謀和之切，皆充分顯
露。

　　由於宋人深懼契丹強大，全力應付，已力不從心；故澶淵盟
後，雖感屈辱，而有天書之作，以欺飾臣民，但對盟約則極力維
護，終使委曲求全，亦謀保持得來不易的和平關係。

　　大中祥符八年（西元 1015 年），高麗受遼之逼，遣使入宋，
請救危急，宋人不應⑤。對遼方面，則盟約初立，宋廷便指示
「契丹請於榷場市易者，優其值與之。」⑥並且允許幽州之民來
市麥種⑦。北界災歉，撥粟賤糶，以為助賑⑧。連商民走私販
易，造成商欠，官方也為北人調解清償⑨。平時又慎選使臣，時
通國信。甚至契丹非理要索，宋人亦忍辱屈從。其中尤為難堪
者，例如慶曆年間，宋軍受挫於西夏，契丹以敗盟南侵為要脅，
逼宋割讓關南十縣之地，宋朝為免西北交侵之危，派遣富弼與遼

---

④上書同卷，頁一七。
⑤詳見拙作，「宋太宗的聯夷攻遼外交及其二次北伐」，師大歷史學報第十
　期（一九八二年），頁九五。
⑥長編卷八〇，頁七。
⑦上書卷六八，頁二。
⑧上書卷七三，頁二一。
⑨上書卷七八，頁六。

交涉，增歲幣二十萬了事，契丹意猶未足，強迫宋人在歲幣交割文書中，使用不平等的「納」字。仁宗為此，曾當大臣之面，落淚涕泣，可見隱忍之深⑩。再如神宗熙寧年間，方厲行新法，以圖富強，而諜報遼將復求關南地，一時朝野震恐⑪；及遼使陛見，所提要求不過劃分地界，神宗不禁釋然，表示此乃細事，疆吏可了⑫。迅速同意了舉行劃界談判。後又在契丹堅持下，調整河東疆界，宋朝沿邊數百里均稍有損失。為了維持和平，宋人再度忍受契丹的威迫與勒索。

宋人對契丹如此屈辱忍讓，主要因素當然是缺乏抗敵信心，深懼遼人使然。兩度赴遼交涉，視死如歸，堅拒割地的富弼坦白承認：「契丹委實強盛，兵馬略集，便得百萬，來則無以枝梧。」⑬強毅如王安石，在執政變法時，亦警告神宗：「今河北未有以應契丹，未宜輕絕和好。」⑭未有充分準備前，「所以應契丹，當以柔靜而已。」⑮神宗也同意「契丹之強，自太宗以來不能制。」⑯

在契丹優勢武力凌迫下，宋人固然一再隱忍退讓，但圖謀復仇的怒火也日趨高漲。慶曆時，負責增幣交涉的富弼力辭朝廷給

---

⑩上書卷三二六，頁九。
⑪上書卷二五〇，頁一六：
　上（神宗）憂契丹。
　又同書卷二五一，頁九：
　上（神宗）問輔臣曰：聞泛使來，人甚恐，如何？
⑫上書卷一五一，頁一二。
⑬上書卷一三七，頁一四。
⑭上書卷二二八，頁一。
⑮上書卷二三六，頁一〇。
⑯上書卷二五〇，頁二〇。

予的酬庸，強調「增金帛與虜和，非臣本志也。」力請仁宗「益
修武備，無忘國恥。」⑰又王銍默記載：

> 神宗初即位，慨然有取山後之志，……曰：太宗自燕
> 京城下軍潰，北人追之，僅得脫，……股上中兩箭，……
> 其棄天下，竟以箭瘡發。北方乃不共載天之仇，反捐金繒
> 數十萬以事之，為人子孫當如是乎。已而泣下久之⑱。

又宋史食貨志云：

> 元豐初，乃更景福殿庫名，自製詩以揭之曰：五季失
> 圖，獫狁孔熾，藝祖造邦，思有懲艾，爰設內府，基以募
> 士，曾孫保之，敢忘厥志。一字一庫以號之，凡三十二
> 庫。後積羨贏為二十庫，又揭詩曰：每虔夕惕心，妄意遵
> 遺業，顧予不武姿，何日成戎捷⑲。

可見神宗變法之宗旨所在。

另一方面，澶淵之盟雖是宋人對遼屈辱外交的開始，但由於
宋人委曲求全，和平終究得以繼續維持。因而神宗以後，北宋君
臣也漸相信契丹於盟約有利可圖，「惟欲無事，不敢倔強。」⑳
只要適當應付，北方可保無事。於是一面厲行新政，變法圖強；

---

⑰上書卷一三七，頁一四。
⑱引見姚從吾，遼朝史，頁二四七。
⑲宋史卷一七九，食貨志，頁三。
⑳長編卷二三五，頁四。

一面全力經略西夏，謀斷匈奴右臂，以為來日雪恥於遼之張本。

西夏本五代藩鎮之殘餘，割據陝北，利用宋遼對抗而自立，宋人剿討無功，坐視其跳梁，然其幅員實甚狹小，生活物質亦有賴關隴。故宋人對夏態度大異於對遼，不但無所恐懼，反有一種優越感；對其倔強自國更有不甘之心[21]，思予吞滅。景德元年，澶淵之盟初立，北憂稍舒，次年宋人即有建議西討，「復河西為郡縣」者[22]。雖以真宗厭戰，仍封德明為西平王，歲給俸賜，許其貿易，宋夏和平之心理基礎實甚薄弱。及仁宗寶元間，元昊稱帝，宋以北方無事，天下全盛，朝臣乃爭言「西夏小醜，可即誅滅。」[23]宋夏戰爭爆發。不料宋師不競，屢為元昊所破，加以契丹乘機干預要索，宋廷不得不致力謀和，恢復貿易，增予歲賜，以化解可能兩面作戰的空前危機。但當契丹遣使要索時，大臣韓琦、歐陽修等，仍有對遼讓步，維持和平，對夏勿急於和而繼續作戰的主張。可見宋人圖夏之心，實猶未已[24]。

宋人固因武力不強，加以深憚契丹，致空有圖夏之心，卻不能全力攻討，任其負隅自固。但略取河西，以斷匈奴右臂，究不失為削弱契丹，報燕雲之仇的可行途徑。且經過數十年間，幾次交涉經驗，亦大致證明有澶淵之盟可恃，只要釁不我始，小心應付，北方可保無事。因此，基於懼遼輕夏的心理，與取河西、復燕雲的方針之下，隨著圖強新政的展開，北宋對遼和守退讓，對

[21]詳見拙作，「北宋對西夏的和市馭邊政策」，大陸雜誌，六十二卷，第四期，頁四〇。

[22]戴錫章，西夏紀，卷四，頁一一。

[23]上書卷七，頁二。

[24]長編卷一四二，頁一二。

夏高壓進取的策略已告確立。

熙寧五年（西元1072年），王安石正告神宗：

> 方今四夷，南方事不足計議，惟西方宜悉意經略，……經略西方則當善遇北方，勿使其有疑心。緣四夷中，強大未易兼制者，惟北方而已。臣願陛下於薄物細故，勿與之校。務厚加恩禮，謹守誓約而已㉕。

在此原則下，宋廷曾因歲幣絹有粗惡，處分雄州官員㉖。巡檢趙用驅逐擅入界河的契丹漁民，致侵越北界，引起契丹強力反應，結果不但趙用追官勒停，知雄州張利一也被免職㉗。至熙寧七年，契丹要求河東劃界，時宋人方有事西方，故對遼更屈意讓步，終如所願，以保北界和平。

對夏方面，神宗初立（西元1067年），已用种諤之謀，奪取綏州，造成宋夏爭執㉘。變法稍有績效後，宋廷對夏態度更為積極。王安石表示：

> 今陝西一路，即戶口可敵一夏國，又以天下財力助之。其勢欲討除，亦宜甚易㉙。

㉕上書卷二三六，頁二五。
㉖上書卷二三四，頁二。
㉗上書卷二三六，頁一四。
㉘宋史卷一四，神宗本紀一，頁五。
㉙長編卷二三二，頁五。

輕視之情，溢於言表。神宗則指示：

> 作事固有次第，且當併力西事㉚。

略取西夏，顯然已成宋朝國策。因此熙寧四年，宋廷用王韶為洮河安撫使，經略吐蕃，而其目的則在西夏。宋史王韶傳：

> （韶）詣闕上平戎三策。其略以為西夏可取，欲取西夏，當先復河湟，則夏人有腹背受敵之憂。夏人比年攻青唐，不得克，萬一克之，必併兵南下，……則隴蜀諸郡皆敬擾，……今（吐蕃）唃氏子孫，唯董氈粗能自立，……其勢豈能與西人抗哉。武威之南，至於洮河蘭鄯，皆故漢郡縣，……幸今諸羌瓜分，莫相統一，此正可並合而兼撫之時。諸種既服，唃氏敢不歸。唃氏既歸，則河西李氏在吾掌中矣㉛。

主政的王安石也強調：

> 今所以招納生羌者，正欲……夏國，使首尾顧憚，然後折服爾㉜。

自熙寧四年（西元 1071 年）至熙寧十年（西元 1077 年），宋

㉚上書卷二四四，頁一二。
㉛宋史卷三二八，王韶傳，頁一八。
㉜長編卷二三〇，頁一〇。

廷一面穩定對遼關係，一面大力經略吐蕃。王韶招降青唐大酋俞龍珂，置通遠軍（今甘肅隴西）。然後進兵擊破武勝諸蕃，置鎮洮軍，旋改為熙州（今甘肅臨潭）。又破大酋木征，取河（臨夏）、洮（臨潭西南）、岷（岷縣）諸州。青唐董氈亦震懼內附。宋廷將四州一軍建為熙河路，版圖增闢數千里，實為太宗以來所未有，故神宗臨朝受賀，喜不自勝㉝。

熙河既闢，圖夏之地利已得，西伐之議遂日益抬頭。如知慶州俞充「屢昌請西征」、「度如破竹之易。」㉞鄜延總管种諤更向神宗大言「夏國無人，（夏主）秉常孺子，臣往持其臂以來耳。」㉟適元豐四年（西元 1081 年），夏國內訌，神宗以機不可失，乃動員三十餘萬，五路伐夏，以謀一逞。

元豐伐夏，堪為宋朝自太宗以降，最大規模之軍事舉動。可惜宋軍圍攻靈州不下，夏人又絕宋糧道，決渠灌營，宋師潰還。次年，神宗又用徐禧之議，築城永樂（今陝西米脂縣西），以謀制夏。夏軍二十萬來攻，城陷，將校兵役死者二十餘萬。總計用兵以來，宋所得僅蘭州古城，及沿邊數寨，而官軍夫役死者六十萬，軍資耗損不可勝計，神宗臨朝痛悼㊱。伐夏之師被迫暫罷。

神宗伐夏，事雖失敗，但他取夏圖遼之志實猶未已，故崩前遺命：「能復全燕者，胙本邦，疏王爵」㊲。神宗崩後，雖舊黨一度主政，新法廢罷，對外也改採靜重撫邊之策；但時僅數年，

㉝上書卷二四七，頁一四。
㉞宋史卷三三三，頁七。
㉟上書卷三三五，种諤傳，頁六。
㊱西夏紀卷一七，頁一○。
㊲宋史卷四六八，童貫傳，頁一二。

哲宗親政，新黨復起，即又秉持神宗積極西進之政策，託言紹述，興兵不已。

哲宗紹聖四年（西元1097年），宋用知渭州章楶之議，對夏行全面淺攻撓耕之策，諸路相繼進築拓土，奪要害凡五十餘處。次年，章楶又破夏人於平夏城，西夏損失慘重乃求援於遼。元符二年（西元1099年）遼遣蕭藥師奴、耶律儼等來宋，堅求罷兵。宋不得已，許予夏人「自新之路」㊳。但以夏人謝罪求和，「辭禮恭順」，前所未有，哲宗君臣為之得意不已㊴。故是年兵鋒即轉向吐蕃，深入青唐（今青海西寧），佔取邈州（今青海樂都），置湟、鄯二州。雖因蕃情不順，又哲宗崩逝（西元1100年），向太后聽政，再用舊黨，致一度撤棄兩地。然時僅年餘，向太后繼崩，徽宗親政，蔡京為相（西元1101年），即改元崇寧，以標宗旨。旋命王厚、童貫經略吐蕃，再取湟、鄯。而童貫與蔡京亦由此相結，以開邊為罷，且以破羌之功，為徽宗所用。

童貫是聯金滅遼的主要推動者，然其發跡及取得徽宗的寵信，可說完全由於主持西北軍事。蓋取湟鄯不久，宋廷即擢貫為熙河蘭湟秦鳳路經略安撫制置使，掌握全權，耀兵河隴。遂即進軍討叛蕃，復積石軍、洮州，威名益盛。契丹聞之，指名邀使。貫以得志西羌，頗輕邊事，遂謂遼亦可圖，故應命出使，藉覘契丹國情，因而得見燕人馬植，獻策謀燕㊵。但所用的戰略仍不出

㊳遼史卷二八，道宗本紀，頁四；長編卷五〇七至五〇九有關各條。唯蕭藥師奴、耶律儼長編作蕭德崇、李儼。

㊴長編卷五〇六，頁一五。

㊵參見九朝編年備要；宋史卷四六八，童貫傳；及宋史紀事本末卷五三，復燕雲。

神宗先夏後遼的遺訓。故童貫使還，請進築夏國橫山諸州，以制
夏人死命。政和四年（西元1114年），徽宗命童貫為陝西經略使
討西夏㊶，此後數年，貫總西北六路兵柄，將秦晉銳師，深入河
隴，宋夏大戰迭起。雖勝敗相聞，而夏人終失橫山之利，加以幅
員不廣，難以久戰，勢更不支。契丹因女真之叛（事在政和四
年），已無力救護，至宣和元年（西元1119年），夏人被迫向宋
謝罪求和。時宋金聯兵攻遼之議已積極進行㊷，故許夏約和罷
兵。雖因滅遼後，西京是否歸宋的爭議以及方臘之亂的耽擱，宋
金議盟一度停頓。但四年春，貫平亂還朝，恃功益驕，加以金人
伐遼，勢如破竹，連取中京、西京，遼勢大衰，貫與宰相王黼等
遂謂取燕之機不可失，北伐之師大起㊸。

　　神宗以來，新黨開邊西北，除造成權宦童貫的軍功，並萌生
圖燕信心之外，由於長期戰爭，也磨練出一支富有戰鬥經驗的
「秦晉銳師」㊹。事實上，這些百戰沙場的西北將士也是北宋後
期軍事人才的主要來源。將領中，著者如奉令攻燕的都統制种師
道即出身西北軍旅。據宋史本傳載：

　　　　（种）師道，字彝叔，……以蔭補三班奉職，……為
　　熙州推官，權同谷縣，……通判原州，……忤蔡京，……
　　屏廢十年，……知懷德軍，……累遷……洛州防禦使，知
　　渭州，……詔帥陝西河東七路兵征臧底城，……帝得捷書

㊶西夏紀事本末卷三一，頁一。
㊷詳見徐夢莘，三朝北盟會編，卷一一五。
㊸宋史卷四六八，童貫傳；卷四七〇，王黼傳。
㊹宋史卷四六八，童貫傳。

喜，進侍衛親軍馬軍副都指揮使，……從童貫為都統制，
拜保靜軍節度使。貫謀伐燕，使師道盡護諸將。師道諫
曰：……貫不聽，……密劾其助賊。王黼怒，責為右衛將
軍，致仕，而用劉延慶代之。延慶敗績於盧溝㊺。

至於劉延慶，更是西北武將世家。宋史載：

劉延慶，保安軍（今陝西保安縣）人，世為將家。雄
豪有勇，數從西伐，立戰功，積官至……保信軍節度使，
馬軍副都指揮使。從童貫平方臘，節度河陽三城。又從北
伐，以宣撫都統制督兵十萬渡白溝㊻。

不但主要將領來自西北，事實上賴以衝鋒對敵平亂伐燕的，
也是這支西北武力。據宋史王黼傳：

睦寇方臘起，……攻破六郡，帝遣童貫督秦甲十萬始
平之㊼。

又宋史紀事本末：

睦州清溪民方臘作亂，……警奏至京師，時方聚兵以
圖北伐，……東南大震，……（帝）始大警，乃罷北伐之

㊺宋史卷三三五，种師道傳。
㊻宋史卷三五七，劉延慶傳。
㊼上書卷四七〇，佞倖傳，頁六，王黼。

議。詔以童貫……率禁旅及秦晉蕃漢兵十五萬討之⑱。

又長編紀事本末：

> （宣和三年二月壬午）先是女真往來議論，皆主童貫
> 以趙良嗣上京阿骨打之約，欲使舉兵應之，故選西京（兵）
> 宿將會京師。又詔環慶鄜延軍，與河北禁軍更戍。會方臘
> 叛，貫以西兵討賊，朝廷罷更戍指揮⑲。

由上舉各種記載，可知宋廷本以童貫歸西北宿將精兵，計劃與金兵夾攻契丹，適方臘之亂，情勢嚴重，乃以北伐之師移往平亂。及亂平回師，伐燕之舉復起。

要之，澶淵之盟雖使宋人在外交上受到屈辱，但經數次交涉，宋人亦明瞭盟約建立之和平，只要適當應付，確有可恃。因而神宗以降，遂專力西進，破吐蕃、取河湟，轉而再三伐夏，謀斷契丹右臂，以圖燕雲，報宿仇。經三朝經營，吐蕃之地已歸版圖，夏雖未平，勢已衰弱，新黨聲威頗振，主其事之蔡京、童貫等輩漸恃勝輕遼。適金人崛興，契丹不支，新黨又有西北宿將精兵可用，圖燕之師遂不能免。

三、澶淵之盟與河北邊防的廢弛

由於澶淵之盟的訂立，河北二十餘年的戰禍得以蘇息，真宗

---

⑱宋史卷紀事本末，卷五四。
⑲楊仲良，續資治通鑑長編紀事本末，卷一四二。

對此頗為滿意，特詔諭軍民，以契丹修好，車駕還京為賀⑤。但和平伊始，宋人對契丹是否能長期信守盟約，初仍不無疑慮。故景德二年二月，真宗指示邊將，「朝廷雖與彼通好，減去邊備，彼之動靜，亦不可不知，間諜偵候，宜循舊制。」⑤大中祥符初，契丹太后及重臣韓德讓相繼去世，宋人即擔心「國主（遼聖宗）懦弱，自念恐不能堅守和好。」⑤因而盟約初立，宋人對河北防務仍極注重。大中祥符二年（西元1009年）真宗詔令兩河修葺城隍，繕治器甲，強調邊防不可無備，邊臣應每季依時檢視，定為永制⑤。又如李允則在雄州（河北雄縣）十餘年，亦治城壘不輟。他以雄州甕城地勢平廣，易為行旅窺視，特請准宋廷，拓建屋宇，以為障蔽⑤。

宋人這種戒心直到仁宗初年，仍未完全袪除。故天聖二年（西元1024年），因契丹大閱士馬，聲言圍獵燕京，宋廷大引為憂，命以防河為名，加強整備應變⑤。明道元年（西元1032年），又嚴飭河北「練士馬，葺器械，毋得弛備。」⑤次年特命邊將劉平、楊懷敏整建方田，四面穿鑿溝渠，廣一丈，深二丈，以限敵騎⑤。景祐二年（西元1035年），盟約訂立已三十年，天

---

⑤長編卷五八，頁二四，景德元年十二月癸卯。又同月戊申條：
　上覽河北奏報，諸州多被蹂踐，通利軍傷殘尤甚。慘然形於顏色，乃下
　詔罪己，與民休息。
⑤上書卷五九，頁一二。
⑤上書卷七三，頁一。
⑤上書卷七一，頁九。
⑤上書卷九三，頁一三。
⑤上書卷一〇二，頁二〇。
⑤上書卷一一一，頁四。
⑤上書卷一一二，頁六。

下承平，有建議省河北兵數者，知成德軍任布即力言「西北二邊，方包藏禍心，以窺中國，備未可弛也。」⑱故宋廷密詔河北河東「繕器械，完城壁，以嚴邊備。」⑲元昊叛，為防契丹異動，更命河北州軍添補彊壯，以警非常⑳。

宋人對契丹的戒心固然難泯，但數十年間，幾次邊界騷動，後來皆歸無事，而且往往只顯示敏感人員的多慮。因此，隨著經驗的累積，宋人對盟約的信心便逐漸建立。如景德四年（西元1007年），河東報遼兵捕賊逼境，恐有大舉，真宗認為疑者太過，後果無事㉑。大中祥符七年，河北帥臣以契丹異動，亟請增兵，真宗認為無虞，後亦無患㉒。仁宗天聖元年（西元1023年），遼聖宗突臨幽州，宋廷大疑，程琳適出使契丹回，奏報遼主乃宣撫燕民而來。不久，聖宗果去㉓。

對契丹信守盟約致兩河邊患長期停止的現象，宋人解釋是銀絹之利的作用。故天聖二年（西元1024年），雄州侯卒報敵兵入掠，邊眾皆恐。知州高繼忠曰：「契丹歲賴吾金繒，何敢渝盟。」居自若已，後知乃渤海人行剽兩界㉔。明道元年（西元1032年），諜報遼將大舉入寇，一時輔臣爭言擇帥備邊之策，獨參知政事薛奎認為「歲遺甚厚，必不敢輕背約。」後果如所料㉕。

㉘上書卷一一六，頁六。
㉙上書卷一二〇，頁一四。
㉚上書卷一二七，頁一五。
㉛上書卷六七，頁一六。
㉜上書卷八三，頁一六。
㉝上書卷一一一，頁四。
㉞上書卷一一二，頁一九。
㉟上書卷一一一，頁二〇。

　　宋人之判斷，證以遼史曾載「鄰國歲幣」、「累積經費多所仰給」⑥⑥，似頗近事實。加以慶曆間，契丹遣使強索關南地，宋人許增歲幣二十萬，遂免於割地和親之辱，且得到遼興宗諭夏稱臣於宋的承諾⑥⑦。於是北宋中期以後，所謂重利守約，「惟欲無事，不敢倔強」，便成為宋人普遍認識的契丹對宋態度了。

　　基於累次經驗，宋人既已認定契丹意在和平，別無二心，因而在料敵不來的苟安心理下，宋廷雖仍累詔整飭邊備，實際上君臣邊將已戒心日弛，防務漸趨荒廢。如咸平年間（西元998-1003年）組訓的河北河東「強壯」，至康定時（西元1040年），已因「承平歲久，州縣不復閱習，多亡其數」⑥⑧。而正規駐屯禁軍亦紀律鬆懈，紈袴子弟充斥，乃至軍營娼婦群集，忿爭殺鬥⑥⑨。連守將亦多有無能怕事，自請調職，以避兵任者⑦⑩。慶曆四年（西元1044年），熟諳邊事的韓琦沉痛指出：

　　　　自河朔罷兵以來，幾四十年，州郡因循，武事廢弛，
　　　　凡謀興革，則罪其引惹⑦①。

　　韓氏為救此弊，曾與范仲淹聯銜建議復行府兵，整修京城二事，但論者評其無戎而城，春秋所譏，守在四夷，義不如此；若

<hr />

⑥⑥遼史卷六〇，食貨志下，頁四。

⑥⑦參見陶晉生師，「北宋慶曆改革前後的外交政策」，史語所集刊第四十七本第一分，一九七五年。

⑥⑧長編卷一二七，頁一五。

⑥⑨長編輯永樂大典卷一二四〇〇，頁二。

⑦⑩上書卷一二七，頁七。

⑦①上書卷一四九，頁四。

行府兵，則擾百萬之眾，都幾先為不寧。兩策又不獲行。可見對
澶淵盟約的維護與依賴，已是宋人對遼警戒備戰的心理障礙。即
使遭契丹勒索增幣的刺激，軍事的怠惰，依然積重難返。皇祐元
年（西元1049年），包拯奏報：

> 今河北邊緣，卒驕將惰，糧匱器朽。主兵者，非綺紈
> 少年，即罷職老校。隱蔽欺誕，趣過目前。持張皇引慝之
> 說，訓練有名無實。聞者可為寒心。……若不速為，一旦
> 緩急，旋圖之，則無所及矣[72]。

但慶曆增幣交涉後，北界無事，又二十餘年，因此邊防不惟
毫無振作，怠惰之勢，反而有加無已。故熙寧初年，神宗已痛心
於「河外城寨，守具廢弛」。「不但城寨使臣因循，縱有勤於職
事者，亦多為監司沮止。所乞兵將物料，不即應付，雖欲自竭，
勢不可得」[73]。乃至有邊官出城，舉家號哭者[74]。兵官將臣苟安
如此，宋廷遂有「河北兵不可用」之論[75]。無怪熙寧議界，遼使
未至，君臣已憂形於人色[76]。

元豐以後，專意耀兵西北，略吐蕃、逼西夏，而契丹則當道
宗晚年，朝政不綱，內憂迭作，無暇遠略，故宋遼無事，而河北
邊備亦廢墮日甚。元符二年（西元1099年），右正言鄒浩奏謂河

---

[72]上書卷一六六，頁一○。
[73]上書卷二一七，頁一一。
[74]上書卷二三四，頁二○。
[75]上書卷同卷頁二。
[76]參見[11]。

北州軍多「城壁不完，器械不利，士卒不足，訓練不精」⑦。而
樞察院的報告更為嚴重：

　　　　緣諸邊州軍寨城壁樓櫓以承平日久，寖以頹圮。至於
　　備戰軍器亦各並不依式排垛，……防城什物，……見闕名
　　件萬數浩瀚，其見在數內，亦有損壞朽爛，不堪施用之物
　　不少⑦。

　　對此情況，宋廷曾嚴詔「委官逐一檢點，各修換並見闕名
件，本司置薄招管，立限三年修完。」⑦但顯然無濟於事。至宣
和年間，連主持伐燕的童貫亦氣極敗壞，痛斥謂：

　　　　河朔將兵驕惰，不練征戰，須用之物，百無一有。如
　　軍糧雖曰見在，粗不堪食。……軍器甚闕，……各件不
　　足，或不適用。至於得地版築之具，並城戍守禦之物，悉
　　皆無備。蓋河朔二（一）百年來未嘗構兵，一旦倉卒，責
　　備頗難⑧。

　　童貫所述，並非誇大之詞。即騎兵所需馬匹而言，僅高陽關
（今河北高陽縣）一處，缺馬已達五千匹⑧，其他可見一斑。迨

────────────

⑦長編卷五〇八，頁七。
⑦上書卷五〇七，頁一一。
⑦同上。
⑧三朝北盟會編卷六，頁五。
⑧宋會要兵部，卷二四，馬政，雜錄條，頁三〇。

燕京獲復，宋廷更以為有燕山為邊，舊日要塞安肅軍，保信軍皆廢為縣⑧。新邊未固，舊防已廢，藩籬焉能不壞。

　　要之，北宋末年的河北官兵，士氣、紀律、經驗、訓練固皆無可稱述，連基本防禦設施的城寨器械，亦已傾頹缺朽，要藉以禦敵制勝，已成說夢。河北防務，宋人向視為天下根本，存亡所繫⑧。經營整備，無時或已，而情況如此，實澶淵之盟可恃，至太平日久，因循廢弛。及金兵南下，河北遂土崩漁爛，望風奔潰。

　　宣和七年十一月丙戌（十九日），金帥斡離不南寇。所過城寨州縣或破或降，竟無能與一戰者。故旬日間，破檀州（河北密雲）、薊州（河北薊縣）、十二月丙午（九日），郭藥師叛降，次日燕京遂陷。二十一日，南攻中山府（河北定縣）不克，轉攻慶源（河北趙縣）、信德（河北邢臺）。次年元月一、二日，相（河南安陽）、濬（河北濬縣）相繼破，次日金兵遂渡河犯京師。溯自燕京之陷，僅為時二十餘日。而信德之戰，竟不移時。三朝北盟會編載：

> 　　斡離不至信德府，見城壁不堅，守臣楊信功但杜門不出師，金人遂鳴鼓而攻，……不移時，城遂陷。執楊信功等出⑧。

　　濬洲之陷，更為荒謬。宋軍自潰，並未交戰：

⑧三朝北盟會編卷二三，頁一。
⑧長編卷一六六，頁一〇，包拯奏語。
⑧三朝北盟會編卷二六，頁五。

　　（宋軍）探報不明，禦敵無備，洎自賊至，乃始奔駭，⋯⋯縱火而逃。⋯⋯藥師自言，今日藥師以二十騎先據橋，南軍走過，而為藥師所邀，遂不藉人兵，焚橋而去，擁入河者數千人，常勝軍僅傷三人⑧。

　　河北兵備無用至此，宋朝藩籬已撤，被迫面臨京城防衛的課題。

四、澶淵之盟與欽宗棄守汴京之辯

　　當斡離不南下，直趨黃河北岸，河北防衛瓦解，情勢嚴重，徽宗即禪位太子（十二月二十三日），旋出走亳州（安徽亳縣），將國難重擔交給欽宗。欽宗倉促繼位，毫無臨敵經驗，如何應付局勢，全由朝議左右。而當時群臣的議論，大致形成兩種意見。一為避敵鋒銳，徐圖恢復。宰相白時中、李邦彥等主之。他們認為金兵勢強，京城難守，主張欽宗出避襄鄧，再圖恢復⑧。戶部侍郎蔡翛等也認為京城兵備不足，難當銳敵，力主行狩陝西，反據形勢，鳩集兵力，以圖收復。金人犯都，既掩空城，謀折氣沮，且四五月間，天氣轉熱，不利於敵，將重載而歸，再與一戰。都城為患，不過一火而已。若洛陽、潼關道險，懼有伏兵，亦可從南陽走武關，入長安⑧。

---

⑧上書同卷，頁一一。
⑧上書卷二七，頁九。
⑧上書卷二七，頁四，引蔡翛，北征紀實。

　　另一為迎戰禦敵，這是李綱堅持的主張。綱時為太常寺少卿，欽宗即位，即力言土地乃為祖宗之地，子孫當以死守，不可以尺寸與人。請卻巡狩之議，決禦敵固守之策。他認為天下城池未有如都城之固者，且為宗廟、社稷，百官萬民所在，捨此何之。故宜激勵將士，慰安民心，與之固守。又舉安祿山之亂，唐明皇幸蜀，致長安陷賊，累年始復，范祖禹唐鑑評其失即在不能堅守為由，斥避敵之非。而他最強有力的論據則為澶淵之盟的歷史經驗。他說：

　　　　昔者契丹擁百萬之師，直抵澶淵，當時若從避幸之請，堅壁之言，豈得天下太平百有餘年。賴祖宗之靈，社稷之福，寇萊公堅欲御駕親征。鑾輿既渡，遂殄撻攬，戎人喪氣，遣使請和，河北遂復。今日之事與之同矣，豈可緩也⑱。

　　欽宗顯然受這種說法所動，故元月三日下詔親征，「令有司並依真宗皇帝幸澶淵故事，疾速檢舉施行」⑲。但宰執白時中、李邦彥等仍力言京師空虛，不可以萬乘之尊與兇胡角勝負存亡⑳。主出幸襄陽，而徽宗則坦言「他人不知，我知此虜不可當也」，打定主意，於四日走亳州，並要欽宗「去陝右，下兵圖收復」㉑。因此，欽宗內心惶懼，態度動搖。五日堅欲出走，卻以

---

⑱上書卷二七，頁一二，引封有功，編年錄。
⑲上書同卷，頁一。
⑳上書同卷頁三，一三。
㉑上書同卷，頁五。

李綱力爭，並激禁衛請戰，又宗室燕越二王亦請留駕。於是欽宗
意回，而定禦敵之策⑨。即以綱為尚書右丞，親征行營使。旋以
金兵渡河，從李綱之議，改為守城，命綱為「御營京城四壁守禦
使」，總司其事。

李綱基於景德成功之歷史經驗，堅留欽宗，欲師法真宗君
臣，以天子之尊，躬親臨敵，期振作士氣，挫敵鋒銳，再安社
稷，成不世之功。支持他的人，也認為時事猶勝景德，勉綱為寇
準第二。如沈琯投書曰：

> 今日彼之兵數不多，必不若契丹犯澶淵之時。是時景
> 德春秋未及聖主之盛，一時宰執皆欲避之，陳堯咨數人皆
> 欲之金陵，獨寇萊公決策，勸之親征，一戰而勝。今城下
> 之戰，繫社稷之安危，不可遽急，至於後圖亦不可緩。右
> 丞忠憤之氣，眾所共聞，實天以賜我宋，豈不能為寇萊公
> 哉⑬。

事同景德，是李綱留駕拒敵的主要理由。就情勢論，金兵南
寇，懸軍深入，河北州郡多仍為宋守，勢難久戰，這與澶淵之
役，確有類似之處。但問題在宋軍之戰備是否能如景德，依然可
用。考澶淵之役，上距太宗伐遼凡二十餘年，其間由於契丹頻來
寇掠，兩河兵民類皆習警知戰。故契丹以景德元年閏九月己未

---

⑨李綱，靖康傳信錄，卷一，頁六。及三朝北盟會編卷二七，引靖康前
　錄。
⑬三朝北盟會編卷三〇，頁三一四。

（八日）自燕京南侵，所破者僅祁州（河北祁縣）、德清軍（清豐縣西北）、通利軍（河北濬縣），餘所攻皆不克。宋軍並曾敗之於保州，及北平寨[94]。至十一月壬申（二十二日）始抵黃河北岸之澶州，歷時凡七十二日[95]。且真宗用以臨陣對敵之主將李繼隆曾兩破契丹於徐河，為沉穩有謀，經驗豐富之沙場老將，卒能挫敵鋒銳，轉行和議[96]。然經百年無事，河北邊防廢弛，兵不能用，已如前節所述。故金酋斡離不以靖康元年（西元1126年）十二月壬子（十五日）自燕京南下，連陷慶源（河北趙縣）、信德（邢臺）、相州（河北安陽）、濬州（河北濬縣），於次年正月己巳（三日）渡河犯汴，費時僅十八日[97]。而欽宗賴以主持城守大計之李綱，則為敢言獲用之書生，毫無軍旅經驗。兩相比較，事殊不侔。至於所謂天下根本，宗廟所繫的汴京，其城防戰備，若稍加探討，亦可見其空虛廢敗，極為嚴重。

　　案強幹枝弱，屯勁旅於京師以制天下，本為宋開國以來之傳統政策，如仁宗時，范仲淹指出：

　　　　我祖宗以來，罷諸侯兵權，聚兵京師，衣糧賞賜，常須豐足，經八十年矣，……而難以改作者，所以重京師也[98]。

---

[94]宋史卷七，真宗本紀二，頁四。

[95]遼史卷一四，聖宗本紀，頁五。但金毓黻，宋遼金史（臺北樂天書局）謂：「其行軍不過二餘日」（該書頁三三），不知何據。

[96]宋史卷二五七，李繼隆傳。

[97]三朝北盟會編卷二四—二七。

[98]長編卷一四三，頁一〇。

　　據此，汴京戒備理甲於天下，兵員充足，訓練精良，戰力堅強。但就兵員而論，由於防備遼夏入侵，禁旅早已外移日多，京師兵力日趨薄弱。故慶曆中范仲淹已警告：

　　　　今陝西、河北聚天下之重兵，如京師搖動，違遠重兵，則姦雄奮飛，禍亂四起[99]。

英宗治平時，有司報告，河北兵三十萬餘，陝西兵四十五萬餘。全國禁廂軍凡百一十六萬，河北陝西合計，已占三分之二[100]。神宗熙寧時，天下兵額仍百餘萬[101]，而外重內輕之勢，益形嚴重。故神宗深為憂慮，謂：

　　　　今之邊兵，過於昔時，其勢如倒裝浮圖，朕亦每以此為念也[102]。

　　徽宗以後，蔡京、童貫等相繼用事，開邊西北，京防更為敗壞。宋史兵志云：

　　　　崇寧大觀以來，蔡京用事，兵弊日滋，至於受逃亡，收配隸，猶恐不足。政和之後，久廢蒐補，軍士死亡之餘，老疾者徒費廩給，少健者又多冗占。階級既壞，紀律

---

[99] 上書輯本、永樂大典卷一二三九九，頁二○。
[100] 宋史卷一八七，兵志，頁八。及長編卷二○八，頁五。
[101] 馬端臨，文獻通考，兵考，卷一四五。
[102] 長編卷二五六，頁三。

遂亡。童貫握兵，勢傾內外，凡遇敗陣，恥於人言，第申
逃竄。……往往住招闕額，以其封樁為上供之用⑩。

又靖康前錄云：

> 自藝祖都汴，垂二百年，金湯之固，器甲之利，在所
> 不言。禁旅雲屯，自昔號為驍勇。比年以來，外則童貫失
> 陷，內則高俅不招刺，軍政不修⑩。

可見北宋末年，汴京戰備至為空虛。不但兵額有名無實，在
籍者亦多老弱冗占，既無戰鬥經驗，亦未嚴格訓練，毫無士氣戰
力可言。實際上，當斡離不直逼黃河，汴京已無多少可用之兵。
故徽宗急急下詔勤王，又禪位出走。北征紀實更云：

> 斡離不已報將至真定矣，城中既無將又無兵，獨有健
> 勇二萬，復發從梁方平，扼三山大河，迤邐前去。往往上
> 馬以兩手捉鞍，不能施巧。大凡倉卒如此，不暇悉數⑩。

結果方平「不敢拒戰，單騎遁歸，麾下兵皆潰」。守河岸的
何灌見方平奔走，亦望風而遁⑩。斡離不遂輕易渡河，進犯京
師，而李綱奉命總司城守，既無可用兵力，只好榜募敢勇效命。

---

⑩宋史兵志，卷一八七，頁一四。
⑩見三朝北盟會編卷二七，頁一三。
⑩上書卷二六，頁三。
⑩上書卷二七，頁一一。

至元月七日，斡離不逼城，宋人始勉強編成防守區劃。各以一萬二千人分守四壁，另結馬步軍四萬為應援之用。但顯然兵力不敷分配，故是夜金兵攻城，宋廷令百姓上城，協助守禦[107]。

至於守城器械方面，也殘缺不齊。領京城所陳良弼奏稱「京城樓櫓創修，百未一二」，「樊家岡一帶壕河窄狹，決難保守。」奉命察看城壕的尚書左丞蔡懋也認為城壕不完，樓櫓未備，難以為守[108]。所謂「大礮弓弩鎧仗之類」，則「皆元豐舊制」[109]。

即由於京防空虛，庸懦大臣白時中、李邦彥、張邦昌等輩固皆以危城難守，力主避敵。就是堅留欽宗，守城禦敵的李綱，也承認「樓櫓誠未備」[110]。「吾大兵未集，固不可以不和」。他只是強調「夷狄之性，貪焚無厭」，「不可割地及過許金帛」[111]。而缺乏雄略的欽宗，雖勉強留汴，卻另遣鄭望之等赴金營計議求和[112]，其內心之懍懼亦可想見。故元月七日，金兵犯京，攻西水門不克，次日遣使勒索金帛，及割中山、太原、河間三鎮等事，為退兵條件。欽宗用李邦彥之言，已決定接受，並派張邦昌奉康王往金軍為質以求成。李綱反對無效[113]。適二十一日，河北河東制置使种師道督涇原秦鳳兵入援，四方勤王之師亦漸集城下，於是欽宗意動，李綱主戰之論乃漸獲信用。惜二月一日，姚平仲夜襲金營，軍期先洩，平仲大敗，畏罪而逃。宋廷大懼，罷李綱以

---

[107] 上書卷二七，頁二、一三；卷二八，頁五。
[108] 上書卷二七，頁九。
[109] 上書卷二七，頁三。
[110] 上書卷二七，頁一〇。
[111] 上書卷二九，頁五。
[112] 上書卷二八，頁九，引鄭望之，靖康城下奉使錄。
[113] 宋史卷三五八，李綱傳，頁四。

謝，遂屈從金人要求，盡括京城金帛以付，並割三鎮，達成和議。斡離不飽載退師。

此次斡離不入寇，於元月三日渡河，七日進犯汴京，至二月十日退兵，京師被敵，前後凡三十四日，然若就攻防之經過論，金兵卻只在初抵城下之元月七日，曾攻西水門，及次日再攻封邱門，酸棗門一帶⑭。戰鬥規模不大。此後使節來往和議，戰鬥實際完全停止。至二十一日，因种師道援師抵京，逼金營下寨，金人且歛遊騎、停剽掠。而二月一日，姚平仲劫寨失敗以後，和議已定，更無戰鬥可言。故汴京城防未經真正全面戰鬥之考驗，顯而易見。至於金人之所以甘心退師，除獲割三鎮，飽載金帛，亟思北歸之外，對入援西兵尚存顧忌，亦有關係。蓋金人向謂「中國獨西兵可用」，其兩路南寇，即欲以「粘罕一軍下太原、取洛陽，要絕西兵援路」，然後與斡離不軍「仍會於東部」，以謀一逞⑮。不料，粘罕之軍阻於太原，未能依計劃來會，而西兵入援，及各種勤王之師，集者且二十萬人⑯。故東路金兵不得不考慮孤軍深入，久頓城下的不利情勢，未待粘罕來汴會師，即飽載金帛，邀盟而去。

從上述可知，汴京解圍，顯然並非守城宋軍一戰克敵，或城防堅固，金人屢攻不逞，知難而退所致；而是粘罕受阻太原，關陝西兵大舉入援，金人不無顧忌，宋廷又以土地、金帛飽饜所欲，方始換得的屈辱結果。宋人既懼金虜難當，理應謹守新訂之

---

⑭ 三朝北盟會編卷二八，頁六一七。
⑮ 上書卷二三，頁二，引北征紀實。
⑯ 上書卷三二，頁四。

盟，避免糾紛；並及時整軍經武，防寇再至。但金兵甫退，以李綱、許翰、楊時等之反對，欽宗悔割三鎮，改以主戰之徐處仁為相，詔守三鎮。並謀策動降金之遼將耶律伊都為內應及聯西遼以報仇於金，而其書函皆為金人所得[117]，於是金廷益怒，復於八月，分兵兩路南侵。斡離不攻陷真定府（河北正定），十一月十五日，自魏縣（河北大名縣西）渡河。西路粘罕連陷太原、平陽（山西臨汾）、懷州（河南沁陽），自河陽（河南孟縣）渡河，東破洛陽。沿途宋軍望風潰敗，莫能稍遏其鋒。折彥質、李回統步騎十餘萬守河陽，金兵僅虛擊戰鼓以為恫嚇，十餘萬眾竟皆不戰自潰[118]。十一月三十日，兩酋遂會師圍汴。

金人二次南寇，來勢較前役尤為兇猛，但宋人之應付卻幾乎與前役如出一轍。聞金兵南下，和議即起，主戰之宰相徐處仁、御史中丞許翰皆罷，改以主和之唐恪為相。並遣王雲、李若水等赴金營求和。但對於金人堅索的三鎮是否割棄，宋人仍分和戰兩派，爭議不決。直到太原、真定相繼陷落，金兵直逼黃河要害，始決定同意割讓三鎮，而金人又改欲畫河為界。至十一月十七日，欽宗決定接受條件，金兵已渡河趨汴矣[119]。

河防既潰，京師再度戒嚴，同時欽宗是否離京避敵又成群臣爭論之事。但值得注意的是當時表示意見的主要將領皆建議欽宗出走。如率兵入援的南道總管張叔夜告訴欽宗，「敵鋒甚銳，願如明皇之避祿山，暫詣襄陽以圖幸雍」[120]。而最受推重的資深名

---

[117] 畢沅、續資治通鑑卷九七，靖康元年壬辰條及八月庚子條。

[118] 上書同卷靖康元年十一月壬申條。

[119] 詳見三朝北盟會編卷五八一六三。及宋史卷二三，欽宗本紀。

[120] 續資治通鑑卷九七，靖康元年十一月己丑。

將种師道也改變前次主戰的論調，勸帝及時出避陝西。他說：

> 金人頃邀金幣，安然北去，今若復來，必是集諸國大
> 舉，鋒銳難當。……欲乞大駕幸長安以避其鋒。至於守禦
> 攻戰，責在將帥，戰鬥事非萬乘所宜任也[121]。

但師道不久即老病去世，所言未獲重視。其他主戰者或言堅
壁以據要害，絕其糧道，合四方勤王之師，繞其背夾攻之，虜不
足亡也。主避者則謂虜兵鋒銳，我師挫衄久矣，聞敵深入，氣
益不振。不若擁駕臨狩，徐議所向，嬰孤城自守，豈可久耶。而
欽宗茫然不知所為[122]。後唐恪奏，唐自天寶而後，屢失而復興
者，以天子在外，可以號召四方也。欽宗已將從其議，但領開封
府尹何㮚入見，又謂周之失計，未有如東遷之甚者。欽宗翻然
又改，以足頓地曰：今當以死守社稷[123]。守城之議遂定。未幾，
金兵圍城，更以㮚代唐恪為相，主持大局。

事實上，何㮚不但力主守汴禦敵，也反對割地議和，據宋
史何㮚傳：

> 王雲使金帥斡離不軍還，言金人怒割三鎮緩，……於
> 是百官議從其請。㮚曰：三鎮國之根本，奈何一旦棄之，
> 況金人變詐罔測，安能保必信。割亦來，不割亦來，……
> 請建四道總管，使統兵入援[124]。

[121] 三朝北盟會編卷六〇，頁一。
[122] 上書卷六三，頁一三。
[123] 同[122]。
[124] 宋史卷三五三，何㮚傳，頁二。

又續通鑑:

> （靖康元年十一月）丙子，王及之同金使王汭來，言
> 軍己至西京，不復請三鎮，直欲畫河為界。……上下洶
> 懼，即許之。……唐恪既書敕。（中書侍郎）何㮚大駭
> 曰:不奉三鎮之詔，而從畫河之命，何也。㮚不肯書，因
> 請罷[125]。

又三朝北盟會編載:

> 初何㮚孫傅議賊之再來，正緣去歲結和厚賂，今不可
> 復倡和議。……乃闔門堅守，以待四方勤王之師[126]。

可見何㮚根本反對議和，其主戰之態度，較前役之李綱，
尤為強硬。而欽宗可能由於前役留京守城，雖未克敵，終亦歸和
局的事實，最後決定採用何㮚的守城主張。這一點我們從徽宗
前次匆忙出走，此役金兵來勢益猛，卻無離京的打算，以及宋廷
驛召遠竄江西的李綱出領開封府[127]兩事，便可證明。

欽宗雖在何㮚以歷史經驗說服下，再度留京應敵，實際上
卻也遣使許割兩河，期循前役，守城約和，化解危局。惜計議未

---

[125] 續資治通鑑卷九七。
[126] 三朝北盟會編卷六六，頁五。
[127] 續資治通鑑卷九七，欽宗靖康元年間元年閏十一月甲午條。

定，十一月二十五日，汴京城陷，遂至和無可議。因此，京城防衛的虛弱，實乃靖康之難造成的直接關鍵，殆無疑問。

　　案金人二次圍汴，全師十萬⑱，其攻城之猛，遠非前役可比。計圍城二十餘日間，激烈之攻防戰鬥有史料可稽者，凡十餘次。如朝陽門之戰，金人之箭且及於巡城之欽宗駕前。十一月二十四日，金兵強攻宣化門，城上死傷三百餘人，「破腦貫骨，橫臥血中」⑲。而當時汴京戒備之薄弱，較之年前反更惡化。據載城中之兵不足七萬人，亦有謂僅餘衛士三萬可用者⑳。以兵員缺乏，初命僧道、百姓協助守禦㉑。後代以保甲、並募游民為兵，分守四壁，凡數十萬。但此輩類多無賴，難以號令，毫無用處㉒。主事者又專務姑息，賞罰不明，遂至人不畏威，紀律蕩然。三朝北盟會編，靖康元年十一月丙戌條：

　　　　統制官辛康宗御眾稍嚴，是時軍政不肅，兵民皆驕不能制。……有一軍士無故向空射箭，康宗呵叱之，軍士因倡言辛太尉是童貫親戚，不使城上射番賊，……眾各上城，擊殺康宗。朝廷不能禁，亦不窮治，自是四將皆事姑息而號令不行矣㉓。

---

⑱ 三朝北盟會編卷六五，頁一四。
⑲ 上書卷六九，頁一。
⑳ 續資治通鑑卷九七，靖康元年十一月乙酉條及閏十一月戊申條。
㉑ 三朝北盟會編卷六四，頁九。及頁一一一一二。
㉒ 上書卷六六，頁二。
㉓ 上書卷六四，頁一一。

軍紀敗壞，竟至任意聚眾作亂，誣殺將領，無法追究，欲賴此輩刁兵驕民禦敵，如何可得。

至於何㮚等所恃之勤王軍，衡諸情勢，亦已今非昔比。蓋北宋末年，由於軍事廢弛，四方武力，稍有可用者，本唯西兵；而自悔割三鎮，自陝來汴之种師中、种師閔、姚古等部奉詔馳救太原，相繼敗覆，潰喪之師，累計達十餘萬[134]，主力已亡。後召者，則以和議所誤，不及入援[135]。其餘諸路，宋廷雖屢詔團兵入救，卻來者無幾。且多烏合之眾，不勝衝突。如東道總管胡直孺自應天（河南商邱）以兵一萬赴援，師至拱州（河南睢縣西），與金人遇，即兵敗被執。金酋以直孺示城下，都人為之喪氣[136]。

由於情勢危殆，當時總司城防的四壁守禦敵劉延慶已明告欽宗：

> 大臣謂城不可破者，皆欺罔朝廷。今日之事，可謂危矣[137]。

延慶久在西北，世為邊將，習知攻守，其言如此。另如來往督戰，親冒矢石，晝夜勤苦的姚友仲等將領亦以城防危急，曾請速決和議[138]。而何㮚在外無強援可待，內無練卒守城之際，猶剛斷寡謀，轉而乞靈於郭京術士，遂召覆國之禍。至此欽宗始痛

[134] 上書卷四七，頁一一。
[135] 上書卷六五，頁一五，卷六六，頁一。
[136] 上書卷六五六，頁四。
[137] 上書同卷，頁一四。
[138] 上書卷六九，頁七。

悔「不聽种師道之言」[139]。

關於宋代強幹弱枝政策及汴京陷敵，前此學者曾謂：「宋代自開國到南宋都講強本弱枝之道，而強本則強京師帝室親將之幾兵，就是禁軍。」「宋代禁軍對國家雖困生靈，虛府庫，但祖宗定制是重內輕外，換言之，就是強本弱末，所以不能改作。北宋貧弱之因，即種於此。而弱末原以強本，本腐自弱，於是與末俱亡」。並斷定「金人靖康所以得逞，即此之故」[140]。此說若以北宋前期之兵力分佈而論，當為事實。但後期用兵西北，禁旅外移，加以防遼之河北重兵，軍事佈署，已成外重內輕之勢。及童貫開邊，敗壞軍政，保甲故闊，有名無實，汴防空虛，更為惡化。故金人犯京，應敵之策，唯賴勤王，外援不至，遂有城破國覆之禍。可見靖康之難的肇成，就軍事而論，實因宋人改作，導致京防虛弱，遭金人所乘。前說指為墨守強幹弱枝政策，致為金人所逞，顯未洽史實。

五、結論

綜合上述，可知宋人深憚契丹武力，加以西夏倔強難制，乃深恐遭遇西北交困之局，故雖以宿仇新恥之恨，宋仍委曲求全，維繫澶淵之盟建立的和平關係；而三朝（太宗、真宗、仁宗）之困辱，終亦刺激成神宗之奮發，厲行變法，圖強雪恥。同時，交

---

[139] 續資治通鑑卷九七，靖康元年閏十一月乙卯條。
[140] 蔣復聰，「宋代一個國策的檢討」，大陸雜誌第九卷第七期。

涉的經驗與長期的安定，亦使宋人認識只要適當應付，澶淵之盟確有可恃。因此，在懼遼輕夏的心理下，形成了和遼取夏的政策。熙寧以降，專力西進，破吐蕃、伐西夏。謀斷「匈奴」右臂，圖燕雲，報舊仇。此一計劃雖以靈武之敗及永樂喪師，未獲實現，然神宗猶留復燕者封王之遺訓，期後入續竟其志。故哲、徽兩朝，凡新黨柄政，莫不託言紹述，西師頻興。經三朝（神宗、哲宗、徽宗）經營，吐蕃之地，收歸版圖；夏雖未平，勢已衰弱；新黨聲威頗振。主其事之蔡京、童貫等輩漸恃勝而驕，適女真崛興，契丹不支，新黨又有久戰沙場之西北宿將精兵可用，童貫、王黼以為有機可乘，圖燕之師遂起。

在宋廷開邊圖夏之際，另一方面卻是河北防務日趨廢弛。河北正當北敵之衝，為汴京前衛所賴，其防務之重要，宋人向視為天下根本，存亡所繫，故整飭經營，未嘗稍怠。但澶淵之盟帶來的長期和平，使邊官將吏漸有恃敵不來的苟安心理。加以朝野心憚契丹，意在和遼，少數勤於職事者，謀為興葺，亦被指為「張皇引惹」，所請不行。影響所及，州郡因循，戰備廢弛。「強壯」不復教閱，禁旅紀律鬆懈；卒騎將惰，器械匱朽；城壁不完，樓櫓缺毀。宋廷雖知其嚴重，再三嚴詔整備，然隱蔽欺誕，日甚一日，乃至連荒誕輕事的童貫亦有河北兵備無用之嘆。迨金人克燕，宋以重幣賄得空城，更以為有燕山為險，舊壘可減，於是新邊未固，舊防已廢。不旋踵，宋金敗盟，金兵南寇，河北果然土崩漁爛，望風驚潰，京師藩籬盡失。

金人長驅犯京，大臣多主巡狩，李綱等卻以景德經驗勸阻欽宗避敵，謀效法真宗，以萬乘之重，迎戰卻敵。然宋自中葉以來，禁旅外移，汴京早已空虛；無可用之將，亦缺素練之兵。故

李綱之策本屬冒險。幸西路金兵受阻太原，秦隴邊軍又迅速馳救抵京。秦隴將士，究為久戰之師，金人尚存顧忌；斡離不孤軍久頓，亦有不利之處。故种師道老敵勢，斷劫掠、緩戰邀繫之策實有可為；惜李綱輕躁急戰，用姚平仲夜襲金營大敗[141]。欽宗懍懼，遂許割三鎮，盡輸金帛，金人乃飽載而去。不料金兵退後，欽宗既不能如真宗之堅定成算，重盟守和；亦未能選才用賢，整軍經武，振衰起敝，卻以主戰派之影響，悔割三鎮。不期年，金兵再臨汴梁。時秦隴勁卒已潰覆河東，汴京虛弱，遠甚於前。素稱知兵之种師道鑒於情勢嚴重，已改變守汴迎戰之態度，懇請欽宗離京避敵，徐圖恢復。而何㮚之徒猶墨守李綱前智，強挽欽宗，以孤城迎寇，遂肇城陷被俘之禍。其後高宗檢討此事，曾痛言：「緩急之際，豈可如二聖不避敵，坐貽大禍。」[142]可見當時處事失當之甚。

平情而論，北宋末年，金以方興之銳，破遼如摧枯拉朽，而童貫以秦晉素戰之兵，兩次伐燕，皆為遼所敗，可見宋弱金強，其勢甚明。復燕之後，宋人啟釁召寇，固已不智，而取禍之尤，則是欽宗胸無定見，和戰徘徊。不顧汴京空虛，採取了景德冒險迎敵的策略，卻背棄了真宗持重守盟的態度。當然這也是主戰者輕躁致敗，故欽宗懍懼，急切求和；而主和者又畏葸無謀，所許過厚，故欽宗又受主戰派之左右，悔約敗盟，卒有淪亡之禍。此固人謀不臧，然景德應敵經驗及澶淵訂盟所影響於北宋國運者，

[141] 三朝北盟會編卷三〇，頁一二一一三。李綱主急戰，用姚平仲劫營，見趙鐵寒，「由宋史李綱傳論信史之難」，大陸雜誌第八卷，第二期，一九五四年。

[142] 續資治通鑑卷一〇六，宋高宗建炎三年十一月壬午條。

亦不可謂不巨矣。

（本文原刊食貨月刊復刊卷十五，期一、二合刊，民國七十四年六月。）

國家圖書館出版品預行編目資料

國策、貿易、戰爭：北宋與遼夏關係研究／廖

隆盛著. --初版. --臺北市：萬卷樓, 民 91

　　面；　　　公分

　　ISBN 957-739-412-4(平裝)

　　1.中國－外交關係－北宋(960-1126)

　　2.中國－歷史－遼(907-1124)

　　3.中國－歷史－西夏(1032-1227)

　　641.16　　　　　　　　　　91017768

國策、貿易、戰爭－－北宋與遼夏關係研究

著　　　者：廖隆盛

發 行 人：楊愛民

出 版 者：萬卷樓圖書股份有限公司
　　　　　　臺北市羅斯福路二段 41 號 6 樓之 3
　　　　　　電話(02)23216565．23952992
　　　　　　傳真(02)23944113
　　　　　　劃撥帳號 15624015

出版登記證：新聞局局版臺業字第 5655 號

網　　　址：http://www.wanjuan.com.tw

E-mail　：wanjuan@tpts5.seed.net.tw

經 銷 代 理：紅螞蟻圖書有限公司
　　　　　　臺北市內湖區舊宗路二段 121 巷 28 號 4F
　　　　　　電話(02)27953656(代表號)
　　　　　　傳真(02)27954100

E-mail　：red0511@ms51.hinet.net

承 印 廠 商：晟齊實業有限公司

定　　　價：240 元

出版日期：民國 91 年 10 月初版

ISBN 957-739-412-4